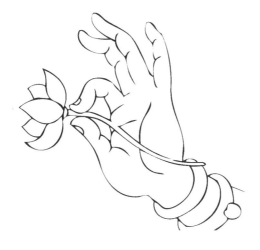

佛教智慧定律

林郁 主編

本書以《佛教聖典》原典
財團法人　佛教伝道協會
重新校訂編輯完成

前言
Preface

　　佛陀的智慧猶如大海一般廣大無邊，佛陀的心就是大慈悲心。佛陀是無相而示現微妙不可思議之諸相，而親身教化眾生。

　　本書是二千五百多年間，超越了國境與民族而一直綿延下來的五千多卷佛經的精華。

　　在本書中濃縮了佛陀的遺訓，對人們的日常生活及心靈的問題，給予活生生的解答。故本書可做為您人生的指南，並且引導您走上快樂幸福的人生。

目
錄
Contents

第 1 篇・佛陀

第2篇 · 教法

第 3 篇・修道

第4篇・教徒

〔附　錄〕

註：本聖典中有＊符號者，可查閱〔附錄 4〕用語解説。

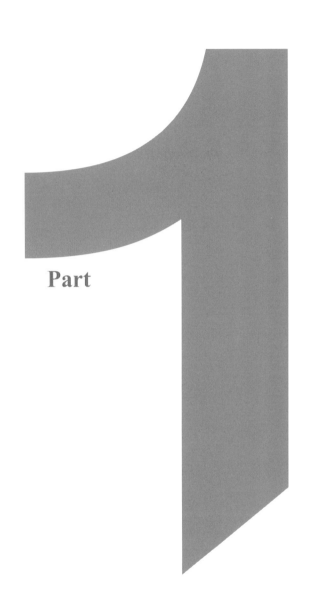

Part

佛陀

第一章 ❖ 歷史上的佛陀

第 1 節　偉大的一生

1. 喜馬拉雅山南麓的羅希尼河（Rohini River）畔，有釋迦族（Sakya）的國都迦毘羅城（KaPila）。其國王淨飯王（Suddhodana），繼承了世代純正的血統，建立城堡，實施善政，因此百姓都樂於追隨他，做他的臣民。國王姓瞿曇（Gautama 喬答摩）。

王后摩耶夫人（Maya）是和釋迦族同一族的拘利族（Koliya）天臂城（Devadaha）城主善覺的妹妹，也就是淨飯王的堂妹。

他們結婚後很久都沒有孩子，經過二十幾年的歲月後，某天晚上，王后夢見一隻白象從她的右腋進入胎內而懷孕。這個好消息一下子就傳遍了全國，國王以及國民都屈指等待王子的誕生。臨近產期時，王后乃依照當時的習慣準備回娘

家生產，而於其途中在藍昆尼園（Lumbini Garden）休息。

春天的太陽照遍大地，滿園盛開着美麗的阿輸迦花（Asoka無憂華）。王后舉起右手想去折枝花的那一剎那，生下了王子。頓時，天地之間響起歡呼之聲祝賀他們母子。時為西元前五四五年（周靈王二十七年）四月八日。

淨飯王晚年得子內心非常高興，而將王子命名為悉達多（Siddllartha），就是一切願望都達成的意思。

2. 但在喜樂中却隱藏着悲傷，因為摩耶夫人不久就離開了人世。此後太子就由其姨母摩訶波闍波提（MahaPraJ-apati）來撫養。

當時，有一位阿修陀（Asita）仙人在雪山修行，看到城堡上呈現着吉相，於是來到城裏，見了太子並預言：「這個孩子將來長大後，若在家可能成為統一世界的偉大國王，若出家修道則能成為救世的佛陀」。

　　起初國王聽到這個預言非常高興，但逐漸地以為太子或許會出家修道而憂慮。

　　太子從七歲開始學習文武之道。在春天耕耘祭典時，太子隨着父王到田園看農夫耕田，當他看到一隻小鳥啄食被鋤頭掘出來的小蟲時，自言自語說：「可憐！生物都在互相殘殺。」於是獨自坐在樹蔭下靜思。

　　出生不久就和母親死別，現在又看到生物互相殘殺的情形，太子的小心靈上早被刻下了人生的苦惱。這正像刻在小樹上的刀傷，與日俱長，使太子更沈於瞑想。

　　父王看到太子沈思苦惱的樣子非常憂慮，又想起了仙人的預言，乃想盡辦法欲使太子的心情開朗。在太子十九歲時，給他娶了舅父——天臂城城主酥鉢囉沒馱（SuPrabuddha善覺、善悟）的女兒耶輸陀羅（Yasodhara）為妃。

　　3. 婚後十年，太子雖在春季、秋季、雨季三季宮殿中享受，但其間仍不斷地沈思瞑想受歌舞管弦的生活，苦心研

究人生的真諦。

「宮廷的榮華，健壯的肉體，被人喜愛的青春，究竟對我來說是什麼呢？人會生病，也會衰老，更難免死亡。青春、健康，到底有什麼意義呢？

「人活在這個世界上，不外就是在追求着什麼。但追求有兩種，一種是錯誤的追求，一種是正確的追求。所謂錯誤的追求，就是沒有認清自己是個不能脫離老、病、死的人，却同樣拚命地追求它們。

「正確的追求就是了悟這種錯誤，而追求超越老、病、死，脫離人間一切苦惱的境地。現在的我，只不過是個追求錯誤的人而已。」

4. 如此每天過着苦惱的日子，日月如梭，當太子二十九歲時，生下一個兒子名叫羅睺羅（Rahula），於是太子就決心出家。太子帶着馭者車匿（Chandaka），騎上白馬犍陟（Kanthaka）離開了宮殿，而切斷與世俗世界的關係，出家

做沙門。

這時惡魔早已纏住太子，並對他說：「回宮殿去吧。等待時機，這個世界就全部屬於你的了。」太子叱吒道：「去吧！惡魔，地上所有的東西並不是我所要追求的。」太子驅逐了惡魔，剃髮持缽，一路乞食走向南方。

太子首先訪問跋伽巴仙人（Bhagava）並參觀他苦行的實際情形，其次造訪阿羅羅伽羅摩（Arada−Kalama）與鬱陀伽羅摩子（Udraka Ramaputra），看他們修禪，太子也親自實行。然而，太子終於瞭解這些畢竟不是開悟之道，於是走到摩揭陀國（Magadha），在伽耶城（Gaya）旁的尼連禪河（Nairanjana River）邊的苦行林（Uruvilva）中苦行。

5. 那真是非常艱苦的苦行，連釋尊自己也說：「過去的任何修行者以及現在的任何苦行者，沒有一個做過比這更苦的苦行，今後也不會有吧。」可見這是世上稀有的苦行。

但是這種苦行亦未能給予太子所求的東西。因此太子放

棄了實行六年之久的苦行，而在尼連禪河沐浴，洗淨身上的污垢，並接受修舍佉女（Sujata）乳糜的供養以恢復健康。

這時與太子同在林中苦行的五位出家人，以為太子已經墮落，遂拋棄太子而到他處去。

現在天地之間只有太子孤單一個人了。太子靜靜地在一顆樹下端坐，拼命進入最後的思惟，並下決心：「縱然血會涸、肉會爛、骨頭會腐朽。若不證道，我絕不起此座。」

這一天，太子的心內做着無可比喻的惡戰苦鬥。散亂的心，騷動的念頭，黑暗的心影，污濁的思慮，這一切可謂是惡魔的來襲。太子窮追心中的惡魔，將它們徹底的消滅。這真是一場血流、肉飛、骨碎的苦鬥。

這一場苦戰最後終於結束了，當他迎接黎明仰望晨星光時，太子的內心發出光輝，豁然開悟而成佛──這是太子三十五歲那年的十二月八日早晨的事。

6. 從此以後太子就以佛陀、無上覺者、如來、釋迦牟尼、釋尊、世尊等名號聞名於世。

佛陀成道以後，首先想對以前曾跟隨他苦修六年且有恩於他的五位出家人說法，於是他就前往他們居住的波羅奈（Baranasi）村的鹿野苑（Mrgadava）教化他們。這五位出家人原想不理佛陀，但聽到佛陀說法之後就信仰佛陀，而成為最初的弟子。佛陀又到王舍城（Rajagrha）教化頻婆娑羅王（Bimbisara），並以此地做為說法的根據地，而致力於救度眾生。

人們好像口渴者求水，饑餓者求食一般，聚集到佛陀的周圍。以舍利弗（Sariputra）及目蓮（Maudgalyayana）兩大弟子為首之二千多個弟子，敬仰佛陀，歸依佛陀。

曾擔憂佛陀出家，並想法予以阻止，且因佛陀出家而嘗到離別之苦的父王淨飯王、養母摩訶波闍波提以及太子妃耶輸陀羅為首的釋迦族，皆歸依佛陀成為佛弟子，還有其他很多人都做佛陀的信徒。

7. 佛陀的傳道旅行繼續了四十五年之久，這時他已達八十高齡了。當他由王舍城赴舍衛城（Sravasti）的途中，在毘舍離（Vaisali）染病，乃預言：「三個月之後將入涅槃」。到達波婆（Pava）時接受鐵匠純陀（Cunda）所供養的食物而中毒，因此病情惡化，但忍耐着痛苦走到拘尸那揭羅城（Kusinagara）。

佛陀走向城外沙羅（Sala）樹林，在沙羅雙樹之間，頭北面西臥着。佛陀懇切地教誡弟子，直說法到最後一剎那為止，完成了世間大導師——佛陀的任務，而進入涅槃。

8. 拘尸那揭羅城的人們，悲嘆佛陀入涅槃，服從阿難（Ananda）的指示，按照規定的方法，他們將佛陀的遺體荼毘（火葬）。

這時，以摩揭陀國的阿闍吐王（Ajatasatru）為首的八大國國王，要求分配佛陀的舍利（遺骨），但拘尸那揭羅城的人們予以拒絕，因此發生了爭執。後來得到賢者豆摩（Drona）的從中斡旋，終於把佛陀的舍利分給八大國。其

他又有人得到裝遺骸的甕及荼毘的骨灰，分別奉安於各國，故世界上乃有佛陀十大塔之建立。

第 2 節　最後的遺教

1. 佛陀在拘尸那揭羅郊外，沙羅樹林中的最後遺教。

佛陀說：「弟子們，你們各應以自己為燈明，以自己為歸依處（依靠），不要依賴他人。應以法為燈明，為歸依處，不可歸依他教。

觀看自身的污穢不淨而不貪者，應知苦、樂皆是苦的原因而不沈醉，觀察自心無我而不迷惑。如此，能不貪、不醉、不惑，則能斷除一切苦。我離世後，能修行此法的人，就是我真正的弟子。

2. 弟子們，我過去曾經給你們所說的法，應常聞、常思、常修而不可捨棄。若能如法修行，你們一定能得到幸福快樂。

　　我說的法，最重要的就是修心。所以，我們應努力克制自己的欲望。應正身、正心、正語，遠離貪、瞋、痴，而常念無常[*]。

　　若我們的心被邪惡引誘，被欲望俘虜時，我們應當予以抑止。不要隨心，應做心的主人。

　　心能使人成佛[*]，亦能使人變成畜生。迷則成鬼，悟則成佛，皆此心所為。所以，你們要正心，致力於修正道，而不可離開正法。

　　3. 弟子們，你們要在此教法之下，相和、相敬，不可爭執。應如水乳之和合，不可像水火之不相容。

　　共同堅守我的教法，共同學習，共同修行，互相勉勵，共享法樂。不要為無謂的事煩心、浪費時間，應努力於摘取悟道的花果。

　　弟子們，我親自證悟此教法，而為你們說此法。你們應

堅守我說的法，一切如法修行。

若不依法修行，雖和我相會而等於沒見面，和我在一起而遠離我。又，依法修行者，縱使遠離我亦與我同在。

4. 弟子們，我的一生將盡，別離的時刻亦不遠了。但是，不可徒悲傷。世間是無常的，沒有一個人永生不死，有生必有死。現在我的肉身像舊車一樣會毀壞，就是以身顯示無常的道理。

你們不要悲傷，而應瞭解此無常的道理，覺悟人世的真實相。欲使變易的東西不變易是無理的要求。

煩惱之賊常常想伺隙打倒你們。若你們家裡有毒蛇潛伏着，除非將毒蛇追逐出去，否則無法在家裡安睡。

煩惱之賊應予追逐，煩惱之蛇應予逐出。你們要謹慎守護自心。

5. 弟子們，我最後的時刻已經到了。但你們不要忘記這個死是肉體的死。肉體乃生自父母，且由攝取食物以保生命，所以有病痛，有傷害，有死亡是不得已的。

佛的本質不是肉體，乃是菩提。肉體雖滅，但菩提却永生於法與道中，故見我肉體的人並非見到我，而知我教法的人才是見到我。

我死後，我所說的法就是你們的導師，繼續保持此法有如侍奉我。

弟子們，我在後半生四十五年間，所應說的法都已說完，所應作的事也都辦完。我已無祕密可言。我所說的法，內外已訖。

弟子們，現在就是我的最後一刻了。我將入涅槃[*]。這就是我最後的教誡。」

第二章 ❖ 永恆的佛陀

第 1 節　慈悲與願望

1. *佛心就是大慈悲心。這是用各種方法拯救人類的大慈心，以及與人同病同苦的大悲心。

正如母親思念子女一般，片刻不捨地加以守護、養育、救助的就是佛心。佛陀認為：「你的煩惱就是我的煩惱，你的快樂就是我的快樂。」而時刻不捨棄救人。

佛陀的大悲心因人而起，人接觸了這大悲心即產生信心，由信心可得菩提。這猶如愛子而有身為人母的自覺，接觸到母親的心，子女才得安心一樣。

可是，眾生不知這種佛心，乃由其無知而產生執着而痛苦，自尋*煩惱而苦惱。身負深重的罪業，喘着氣奔走於重重迷惑之山。

2. 不要以為佛陀的慈悲只是現世這一輩子的事，那是長久的事情。是從眾生生死輪迴累積迷惑之初，就一直繼續到現在。

佛陀常在眾生前，對眾生示現最親切的形象，盡種種方便救度眾生。

佛陀生為釋迦族之太子，而出家、苦行、悟道、說法、入滅示寂。

由於眾生的迷惑是無限的，所以佛的作為也是無限的。眾生的罪業深重無底，因此佛的慈悲也無底。

所以，佛在修行之初發了四弘誓願。即：（一）眾生無邊誓願度。（二）煩惱無盡誓願斷。（三）法門無量誓願學。（四）佛道無上誓願成。

佛陀根據此四弘誓願而修行。佛陀修行的根本就是此四弘誓願，此乃表示佛心即是救度眾生的大慈悲心。

3. 佛陀為成佛而持不殺生之戒，以不殺生之功德，當願眾生長壽。

佛陀持不偷盜之戒，以不偷盜的功德，當願眾生有所求皆得所求。

佛陀持不邪淫之戒，以不邪淫的功德，當願眾生的心無害人之心，亦身無飢渴。

佛陀為成佛而持不妄語之戒，以不妄語之功德，當願眾生知道說實語之心的安靜。

佛陀持不兩舌之戒，當願眾生常和合而互相論道。

佛陀持不惡口之戒，當願眾生心平氣和不散亂。

佛陀持不綺語之戒，當願眾生培養同情心。

佛陀持不貪之戒，以不貪的功德，當願眾生心無貪着。

佛陀持不瞋之戒，當願眾生充滿慈心。

佛陀持不痴之戒，當願眾生深信因果之道理。

如此，佛陀的慈悲都是為一切眾生而發，其本願皆為一切眾生的幸福而着想。佛陀如父母般憐憫眾生，但願眾生渡迷津而脫離苦海。

第2節　救度及其方法

1. ＊佛陀站在覺悟的彼岸呼喚沉淪於苦海中的眾生，但其聲音眾生不容易聽到。因此，佛陀親自下苦海去設法救度眾生。

現在我來說個比喻吧。某地有一位長者，有一天他的家失火了，剛從外面回來的長者見此情景大為驚恐，乃叫孩子們趕快出來，但孩子們在屋裏玩得很起勁，根本不知道家裏發生火災。

父親對孩子們叫喊：「孩子們，你們趕快出來啊！」但是孩子們沒有聽到父親的呼叫聲。

擔心孩子們的安全而焦慮的父親乃叫道：「孩子們，這兒有珍奇好玩的玩具，趕快出來拿吧！」孩子們一聽到有玩具立刻從失火的屋裏跑出來，而得免於災難。

世間猶如火宅，但眾生不知家在燃燒着，也不知正處於即將會被燒死的恐怖中。因此，佛陀由大悲心，乃以無量種種方便（方法）救度眾生。

2. 我再說個比喻吧。

從前，有一位長者的獨生子，離開了父母在外流浪，生活變得非常窮困。

其父離開故鄉到處去尋找兒子，雖盡了一切努力，但終無法找到兒子，乃在一個城鎮住下來。

其後經過了幾十年，如今已變成悲慘境遇的兒子，流浪到父親所住的城鎮。

一眼就認出兒子的父親非常歡喜，即遣傭人追回流浪的兒子。但兒子深恐受騙而不願意去。

於是其父再遣傭人接近兒子，告訴他，有一位長者願意給他待遇優厚的工作。由此方便之引誘，兒子乃接受其工作，而成為其父之傭人。

為父的長者慢慢地提拔不知是自己的家而工作的兒子，遂讓他管理金銀財寶的倉庫，然而兒子仍不知其主人就是自己的父親。

父親看到兒子已變得很善良而感到欣喜，並自知不久將死，所以有一天召集了親戚、朋友、知己而宣布：「諸位，這是我的兒子。多年來我所尋找的兒子，今後我所有的一切財寶都是他的。」

　　兒子聽到父親的宣佈吃驚的說：「現在，我不但找到了父親，而且意外地得到了一切財寶。」

　　這裏所說的長者就是指佛陀。迷惑的兒子就是指人世間的一切眾生。佛陀的慈悲，像施與獨子的父愛般的施與一切眾生。佛以一切眾生為兒子而予以教化，以涅槃之寶使他們成為富有的人。

　　3. 將一切眾生視如子而平等疼愛的佛之大慈悲是一味的，應眾生性質的不同其救度的方法亦有差別。就好像所下的雨雖是一味的，但不同的草木所受的恩惠也不相同。

　　4. 父母不管有如何眾多的子女，其愛心總是一樣，若其中有個生病的孩子，則父母就格外地關心他。

　　佛的大慈悲亦然，雖平等的對待一切眾生，但對於罪業深重者，無知而煩惱者，則特別地憐愍。

　　例如，太陽在東方昇起，即消滅黑暗，孕育萬物，佛陀

在人間滅惡育善，施予睿智的光，使眾生除去無知的黑暗，而悟道。

　　佛陀是慈父悲母。佛陀因對眾生的慈悲心，而一心為眾生盡力。他們若無佛陀的慈悲就不能得救。

　　他們皆是佛子，故應接受佛陀救度的方便。

第 3 節　永恆的佛陀

　　1. 人們都相信佛陀是出生為太子，後來出家而得道的，其實佛陀成佛以來，已經過無量無邊的歲月。

　　在這無量無邊的歲月裡，佛陀常在此世間，作為永恆的佛陀，盡知眾生的種種性質，而以種種方便救度眾生。

　　佛陀所說的永恆的法中絕無虛假，因為佛陀如實知道世間的一切，而以此教化眾生之故。

　　想要知道世間的如實相，實在很困難。因為世間事有些看起來好像是真實却非真實，似虛偽而非虛偽。愚痴的人不能了解此世間事。

　　唯佛如實知見世間事，所以佛陀不說此世間的事是真實的，也不說是虛偽的，不說是善，亦不說是惡，只是如實顯示而已。

　　佛陀所要教說的是：「一切眾生應依其性質、行為、信心而廣植善根。」

　　2. 佛陀不僅以言教，亦以身教。佛陀的壽命雖是無限的，但為了使貪欲無厭的人醒悟，乃以示死作為方便。

　　例如，有一位醫生，他有很多孩子，當他出國旅行不在家時，孩子們誤吃毒藥而苦悶，這時剛好醫生回來，看到這種情形大吃一驚，馬上調配好藥給孩子們服用。

　　孩子之中，未失正常心的孩子服藥後病即盡除，但已失

正常心的孩子則不肯服藥。

　　身為父親的醫生，為了治療他們的病，決心採取極端的手段。他對孩子們說：「我要出去長期旅行，我現在已經老了，不知那一天會死，若聽到我的死訊，你們就吃留在這裡的藥，恢復健康吧。」於是他再出去長期旅行。然後派人回去通知他的死訊。

　　孩子們聽到這不幸的消息非常悲痛而感歎道：「父親死了。我們已經沒有可依靠的人了。」他們想到父親的遺言，因悲痛與絕望而服用該藥，恢復了健康。

　　世人是否會責備身為父親的醫生的謊言呢？佛陀就像這位父親一樣，佛陀為了拯救追求欲望的眾生，在此世間假示生與死。

第三章 ❖ 佛的妙相與勝德

第 1 節　佛的三身

1. 不可以形相求佛[*]。形相不是真正的佛。真正的佛就是道法。所以見法者皆能真實地見佛。

若見佛的相好，而以為見到佛，那是無知之眼的過錯。佛的真實相，是世人莫能見到的。不論用何等美好的描寫亦無法形容，用任何言語亦無能說盡其相。

雖說真實相，其實有相的即非佛。佛是無相的。且能隨心所欲地現示妙相。

所以，若能遠離取相而真實觀者，則此人即得自在力而見佛。

2. 佛身就是法，故常住而不壞。佛身不是以食物維持

的肉體，乃是由智慧形成的金剛之身，故既無恐怖亦無疾病，是永遠不變的。

所以，佛是永遠不滅的。只要是法不滅，則佛就常住不滅。此種法變成智慧的光明而顯現，此光明使人證悟，而生於佛國。

悟此道理的人成為佛子，受持佛的教法，堅守佛的教法而流傳於後世。佛力真不可思議。

3. 佛有三種身。一、法身，二、報身，三、應身。

所謂「法身」，就是以法為身。世間的真理與悟真理的智慧所合一的道法就是法身。因為法（真理）本身就是佛，故佛是無色、無相，因無色相，故無來處，亦無去處，因為無來去，故充滿於一切處，好像太空一樣遍滿於萬物之上。

法身不因人之思念而有，亦非因人之遺忘而無，更非在人喜歡時來，復非在人怠慢時去。佛本身是超越人心的各種

動態而存在的。

　　佛身充滿在一切世界，遍及所有的地方，不管人們對有關佛的想法如何，佛身還是永遠常住的。

　　4. 「報身」就是無相的法身佛，為了拯救眾生的痛苦而現身發願、修行、示名、引導而救度眾生的佛。

　　此佛以大悲為本，用種種方便救度眾生，正如燒盡一切東西的火一樣，燒盡了眾生的一切煩惱之薪[*]，亦如吹掉塵埃的風一樣，吹拂眾生苦惱的塵埃。

　　「應身」是為了完成佛的救度工作，而隨應眾生的性質現身在此世界的佛。應身示現了誕生、出家[*]、成道，用種種方便引導眾生，並示現病和死來警告眾生。

　　佛身本來是一個法身，但因眾生的性質不同，故顯現種種佛身。雖然依眾生的希求心、行為以及其能力，各人所見的佛的相貌不相同，但佛只示現一種真實而已。

　　佛身雖然分為三種，但法身、報身、應身都只是為了完成一件事——救度眾生。

　　雖以無量的勝身，顯現於一切境界，但其身並不是佛。因為佛身不是肉體。佛只以法為身遍滿於一切事物，而常現於見真實者面前。

第 2 節　佛緣

　　1. 佛獻身於此世間是甚為稀有的。佛在現今的世界證悟，說法，斷除疑網，拔除愛欲之根，堵塞惡的根源，自在無礙地行走於世間。世上再也沒有比敬佛更好的善行。

　　佛顯現於此世間，是為了說法以便將真正的福利施惠予眾生的緣故。因無法捨棄苦惱的眾生，故佛現身於此苦難的世界。

　　在世間無正理，邪見橫行，貪欲不饜，身心墮落而短命的世界要施法極為艱難。唯因大悲故佛能克服這種困難。

2. 佛是此世間一切眾生之善友，正為煩惱的重擔而苦惱的人，若遇到佛，佛即代為担負其重擔。

佛在世間是一位真正的導師。為愚痴的迷惑所苦的人，若遇到佛，佛即以智慧之光照破其黑闇。

好像小牛始終不離母牛的身旁一樣，凡聽過佛法的人都不離開佛，因為聽佛說法是件常樂的事情。

3. 月亮不出現時，人們說月亮已沈沒，若月亮出現，則人們就說月亮出來了。但月亮是常住而無出沒的。佛亦如此。是常住不生滅的，只是為了教化眾生而示生滅。

人們雖說滿月或月缺，但月常是滿月而不增不滅的。佛亦是常住而不生滅，但只隨眾生之所見而生滅而已。

月亮出現在一切萬物之上，出現在城市、鄉村、山野、河川、池中、甕中，甚至一片葉端的露珠上。儘管人行走了百里千里，月亮仍然常隨其人。月亮本身並無變化，但因看

月亮的人不同而有不同的月亮。佛亦如此，雖然隨順眾生而示現無量相好，但佛是常住不變的。

4. 佛出現於此世間，或不現，皆不離因緣[*]。若救度眾生的良機來到，則示現於此世間，若因緣分已盡，則離開世間而不現。

佛雖有生滅相，其實無有生滅。眾生當知此道理，而對佛示現的生滅與一切萬物的變遷，不驚不悲，應真正開悟，以得無上智慧。

佛不是肉體而是法，這已如上述。肉體實為容器，若其中盛以法始被稱為佛。所以執着肉體而悲佛入涅槃的人，不能真實見佛。

本來一切萬物之實相，是離生滅、去來、善惡等差別的，是空而平等的[*]。

這些差別，是由見者的分別而起，故佛的實相，實際上

無現與不現。

第 3 節　佛的勝德

1. *佛具有五種勝德而受人尊敬。所謂五種勝德就是：殊勝的行為、殊勝的見解、殊勝的*智慧、明說解脫道、善令眾生依法修行。

又佛陀尚具有八德：（一）饒益眾生令得幸福；（二）佛法立可利益世間；（三）正確教導世間的善惡正邪；（四）教導正道而令入涅槃；（五）引導任何人走入正道；（六）佛無驕慢心；（七）依言實行，依行而言；（八）無惑而諸願滿足，所作已辦。

又佛陀入於禪定而得寂靜與和平，對一切眾生持大慈心、大悲心、無執着的心，而擁有除去心中一切污染的心清淨者才有的喜悅。

2. 佛陀是一切眾生的父母。如孩子生下來以後的十六

個月之間，父母乃和着孩子之聲說嬰兒語，然後慢慢地教他說話。

佛也順隨眾生的言語說法，隨其所見現相，而令眾生住於安穩無動搖的境地。

又佛陀以一種言語說法，眾生皆隨應其性而聞，認為佛正為我說法而歡喜。

佛的境地，超越迷惑眾生的思考，無法以言語說盡，若要勉強表示其境地，則除以譬喻外無他。

恆河雖常被龜、魚、馬與象等污染，但常保清淨。佛亦如恆河，雖然異教的魚或龜等競來擾亂，但其思惟絲毫不被擾亂而恒保清淨。

3. 佛陀的智慧了知一切道理，離兩極端而立於中道*，又超越一切文字語言，了知一切眾生的想法，在一瞬間理解世間的一切事物。

譬如，平靜的大海中，映顯出天空星辰的形象，在佛陀的智慧海中，乃如實現出一切眾生的心思，以及其他所有的一切。故稱佛為一切知者。

佛陀的智慧滋潤一切眾生的心，給與光明，令眾生明瞭此世間的意義、盛衰、以及因果的道理。唯依佛陀的智慧，眾生才能瞭解此世間之事。

4. 佛陀不僅示現佛身，有時變成惡魔，有時變成女人，種種神像、國王、大臣，或示現於娼婦之家，亦示現於賭徒之家。

有病人時乃變成醫師施藥說法，發生戰爭時即說正法令離災難，對執着常住者乃說[*]無常的道理，對執着自我誇耀（我慢）者乃說[*]無我，對執迷於世俗的悅樂者乃說明世間的悲慘情形。

佛的功德，雖如是顯現於世間的事物上，但這一切皆從法身的本源流露出來，無量壽、無量光的救度，其源乃在於

法身佛。

5. 世間如火宅並不安穩。眾生被愚闇所包圍，被瞋恚、嫉妒、偏見、諸*煩惱所狂亂。如嬰兒需要母親，眾生皆須依賴佛陀的*慈悲。

佛陀實是聖者中的聖尊，是世間的慈父。所以，一切眾生皆為佛子。他們只管世間樂，而未具洞察其災害的智慧。世間乃是充滿痛苦的恐怖之地，老、病、死的火　一直燃燒不息。

然而，佛陀遠離了火宅──迷惑世界，在寂靜的林中說：「現在這個世界為我所有，其中的諸眾生皆為我子。要救度他們無邊煩惱的人唯我一人而已。」

佛陀實為一位偉大的*法王，故能隨心所欲地說法。佛陀只為了使眾生安樂，饒益眾生而示現於世。佛陀為了救度眾生脫離苦海而說法。然而，眾生卻被欲所引誘而充耳不聞，亦莫不關心。

　　但是，聞此教法而歡喜的人，當被置於決不再進入迷惑世界的境地。佛說：「我所說法，唯信能入。即，相信佛所說的話始能契合佛法，並非依自己的智慧。」因此，我們應該聆聽佛陀的教法，並付諸實行。

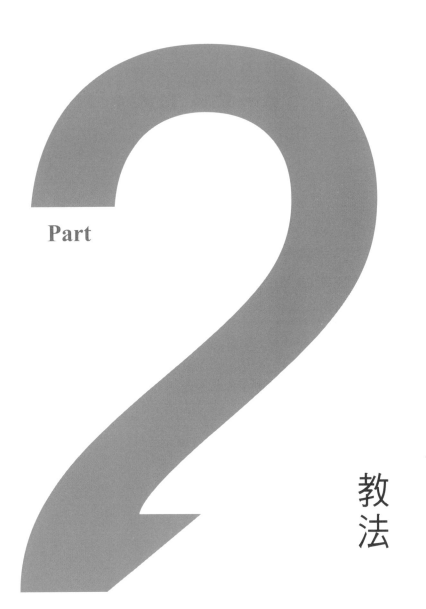

Part

教
法

第一章 ❖ 因緣

第 1 節　四種真理

1. 這個世間充滿着苦。生是苦，老、病、死亦皆是苦。與怨憎者會面是苦，與所愛者別離亦是苦，又希求而不能得亦是苦。事實上，不離執着的人生是一切皆苦的。此稱為苦的真理（苦諦）。

此種人生之苦，到底是如何產生的呢？那無疑是由纏於人心的*煩惱而起的。若追究其煩惱，則知此煩惱是由與生具有的強烈欲望而來。此種欲望乃以對生之強烈執着為本，而對所見所聞產生渴愛。又轉而亦願求死。這稱為苦的原因（集諦）。

若將此煩惱的根本滅盡，捨離一切執着，則人的苦惱亦會消除。此稱為滅苦的真理（滅諦）。

　欲入滅苦的境地，必須修八正道。所謂八正道就是：正見——正當的見解、正思——正當的思惟、正語——正當的言語、正業——正當的行為、正命——正當的生活、正精進——正當的努力、正念——正當的記憶、正定——正心的統一。此八種被稱為滅欲望的正道之真理（道諦）。

　人們必須好好地體會這些真理。因為這個世間充滿着苦，所以只要是想脫離這種苦的人，誰都要斷除煩惱。無煩惱與苦的境地，唯有悟道才能到達。而悟道唯有依八正道始可得。

　2. 有志於道的人，亦應知此四種神聖的真理（四聖諦）。因不知此四種真理，以致長期徘徊在迷惑之道而無休止。知此四聖諦者稱為得慧眼者。

　因此，應專心一致接受佛的教法，徹底理解此四聖諦的道理。無論任何時代的任何聖者，只要是真正的聖者，皆為體悟此四聖諦者，同時亦為教四聖諦者。

　　明瞭四聖諦時，人們才能遠離貪欲、與世無爭、不殺生、不偷盜、不邪淫、不欺騙、不毀謗、不阿諛、不嫉妒、不瞋恚、不忘人生的*無常、不離正道。

　　3. 行道者，譬如持燈火走入暗室中，其暗即滅而充滿光明。

　　學道而明瞭此四聖諦，則得智慧的*燈火光明，而滅愚痴的黑暗。

　　佛僅示此四種真理以引導眾生。正確地身受此教法者，得依此四聖諦，於此世間真正開悟，而成為眾生的守護者、歸依者那是因為明瞭此四聖諦，即可消滅一切煩惱之根本——*無明之故。

　　佛弟子依此四聖諦，得通達所有教法，並具備理解一切道理的智慧與功德，而對任何人皆能自在地說法。

第 2 節　不可思議的因緣

1. 如眾生之苦有其原因，眾生之開悟亦有其道，一切法皆依緣（條件）生，依緣滅。

雨降風吹，花開葉落，一切依緣生，依緣滅。

我們的肉身是以父母為緣而出生，靠食物維持，而我們的心也靠經驗與知識來孕育。

所以說，我們的身心是依緣而成立，依緣而變易的。

譬如網的目，互相連繫而作成網，一切事物，皆互相牽連而成。

若有人認為一個網目就是一個獨立的網的目，那是很大的錯誤。網的目，與其他的網目互有關連，始被稱為一個網目。所以每個網目皆為成立其他網目之緣。

2. 花是集開花之緣而開，葉是集散落之緣而落。並非無緣無故而獨自開花落葉。

因依緣而開，依緣而落，故任何事物，皆會變遷。無獨自存在的事物，亦無常住不變的事物。

一切萬物依緣生，依緣滅，是永遠不變的道理。故變易、無常是天地間不動搖的真正道理，唯此是永久不變的。

第3節　相依相成

1. 那麼，眾生的憂、悲、苦、惱是如何產生的呢？那是因為眾生有執着的原故。

執着財富，執着名譽利欲，執着悅樂，執着自我。由此執着而產生苦惱。

有始以來，此世間有種種災難，加之無法避免老、病、

死，故有悲苦。

但追究其源，乃因有執着，才有悲苦，只要脫離執着，則一切苦惱悉盡消除。

再追究此執着，則從眾生的心中，可發見無明與貪愛[*]。

無明就是看不到事物變易的真相，不明瞭事物的道理之意。貪愛就是貪求不可得之事物而執着之意。

本來，事物並無差別，把它認為有差別，是無明與貪愛的作用。本來，事物並無善惡，把它認為有善惡，是無明與貪愛的作用。

一切眾生常起邪念，因愚痴而不能正確地觀察事物，執着自我而造成錯誤的行為，結果產生了迷惑之身。

以業[*]為田，心為種，覆無明之土，潤貪愛之雨，澆自我之水，增長邪見，而產生此迷惑。

2. 總而言之，產生有憂、悲、苦、惱的迷妄世界，就是我們的心。

迷妄的世界，不外就是唯心所現的心影而已，同時，悟界亦由此心顯現。

3. 在此世間中，有三種錯誤的見解。若順從這些見解，則世間的一切事物將被否定。

（一）有人主張，人在此世間所經驗的任何事，皆為命運。（二）有人說，一切為神所創造。（三）有人說，一切事物是無因無緣的。

若一切由命運所定，則在此世間行善、作惡皆為命運，幸與不幸也是命運，除命運之外什麼都不存在。

因此，人就沒有這是應該做，這是不應該做的希望與努力，世間也就無進步與改良。

　　第二種神所創造說，與最後之無因無緣說，亦受到同樣的非難，若然，則毫無離惡行善的意志、努力與意義存在。

　　所以說，此三種見解是錯誤的。一切法乃依因緣生，依因緣滅。

第二章 ❖ 人心與實相

第 1 節　無常的存在沒有實體

1. 身心皆為[*]因緣所成，故此身沒有實體。此身為因緣的集合，故為無常的存在。

若此身有實體，則應當能隨意自在地使我身該如此，不該如此才對。

國王在其國有權決定該罰則罰，該賞則賞，可隨自己之意去做。可是他不願有病却生病，不希望老去却衰老，對於自身則一件也不能如意。

與此相同，心亦無實體，心亦為因緣之集合，是常常會變易的。

若心有實體，則想該如此，不該如此，就應當能如意才

對，然而心不想作惡却念惡，不願離善却遠離善，沒有一件能如自己之意。

2. 若人問此身是永遠不變，或無常？一定誰都會回答是無常的。

若人問無常的事物，是苦或樂？當他發覺生者不久都會老、病、死時，一定誰都會回答是苦的。

將如此無常而變易、苦的東西，認為有實體，有我，是錯誤的。

心亦如是，是無常的，是苦的，並沒有實體。

因此，必須遠離組成吾人身心為個我以及圍繞吾人周圍的一切為我所有的觀念。

這只是無智慧的心執着我、為我自已而已。

身與其周圍之物，皆由因緣所生，故時常變化，片刻也不停止。

如流水，又如燈火般地變易。又，心動如猿，須臾都不靜止。

有智慧者應如是見，如是聞，而必須去除對於身與心的執着。當身心俱離執着時，即能獲得涅槃。

3. 於此世間，有五種任何人都無法做到的事。（一）會老之身欲使不老，（二）會病之身欲使不病，（三）會死之身欲使不死，（四）應滅之物欲使不滅，（五）會盡者欲使不盡。

世之常人，面對此種不可避免之事而苦惱，但受過佛的教法之人，因知不可避免之事為不可避免，故不會有如此愚痴的煩惱。

又，這世間有四種真實。（一）一切眾生由無明生。*

（二）一切欲望的對象，是無常、是苦、是變易的。（三）一切的存在，是無常、是苦、是變易的。（四）一切是無我、無我自己的。

一切事物皆無常、變易，萬物皆無我的道理，不管佛出現於此世與否，都是一定不變的真理。佛知此真理，證悟此真理，而教導眾生。

第2節　心的構造

1. 迷與悟皆由心所現，一切事物由心所造。猶如魔術師自由自在地變現出種種東西一樣。

人心變化無窮，其作用亦無限。由污穢的人現出污穢的世界，由清淨的心現出清淨的世界，故外界的變化亦無限。

繪畫由畫師描繪，外界則由心所造。佛所造的世界，是遠離煩惱的清淨世界，人所造的世界則被煩惱所污染。

心如工筆畫師，畫出種種世界。

世界所有的一切，無一不是由心的作用造出來的。如心佛亦如此，如佛眾生亦如此，故由此畫出一切事物而言：心、佛及眾生三者是毫無差別的。

佛正確地了知一切從心起。故若能如是理解的人，他就能見真實的佛。

2. 然而，心常恐怖、悲傷與苦惱。恐懼着已發生的事，亦恐懼着未發生的事。那是因為，心中有無明[*]與貪愛的緣故。

從貪心生迷妄的世界，而迷妄世界的種種因緣[*]，簡而言之，皆在心中。

生死乃唯心所起，故有關迷惑生死的心消滅，則迷惑的生死即盡。

　　迷妄的世界從心起，以虛妄心觀察即變成迷妄的世界。若知離心即無迷妄的世界，則能離污染而得解脫。

　　如是，此世界由心領導，被心牽引，受心的支配。由迷惑心現出充滿煩惱的世間。

　　3. 一切事物皆以心為前導，以心為主，由心所作成。若人以染污心說話，或身行，則苦就跟隨其人，如車跟隨拉車的牛一樣。

　　但是，若以善心說話，且身行，則安樂隨着其人，猶如影隨形。行惡者，於現世將因作惡而受苦，於來世則受其惡報而更苦。

　　行善者，於現世因行善而快樂，於來世則受其善報而更加快樂。

　　心污濁，則其道不平，因此會跌倒於地。又，若心清淨，則其道平坦，因而安樂。

樂於身心清淨者，是破魔網而行走佛之大地者。心靜者可得安樂，而當日夜更加精進修心。

第 3 節　實相

1. 世間的一切萬物，皆由緣所現，故本無差別。其所以有差別，是眾生起分別之故。

太空沒有東西之差別，眾生予以東西之差別，而執着於東或西。

數目本從一至無量，各為完全數，其量無多少之差別，但眾生由欲心加以計量，而定多少的差別。

本來無生亦無滅，但因眾生的分別心，而見有生死的差別。人的行為本無善亦無惡，由於眾生的分別心，而見有善惡之差別。

*
佛遠離此差別，見世界如空中之浮雲，亦如幻想，取捨

皆為虛妄，而離分別相。

2. 人由分別心，而執着一切萬物。執着財富、執着名譽、執着生命。

執着有無、善惡、正邪、以及一切萬物而更加沉迷，以致招來痛苦與煩惱。

有一個人，在長途旅行中，於某地看到一條大河，心想：這條河的此岸雖危險，但對岸看起來很安全。於是作筏，而坐其筏平安地到達對岸。之後他又想：此筏使我平安地渡到此岸來。是非常有用的筏。所以，不要把筏丟掉，把它扛在肩上帶走吧。

這時，是否能說此人對筏做了應做的事呢？不見得吧。

這個比喻表示：「正當的事尚且不可執着，而應捨離，何況不正當的事呢？那就更應捨棄了。」

3. 一切諸法，不來亦不去，不生亦不滅，故無得，亦無失。

所以佛陀說：「一切萬物離開有無的範疇，故非有，非無，不生，亦不滅。」換句話說，一切萬物由因緣所成，其本身的本性無實性，故說非有，又由因緣所成之故並不是無，故說非無。

看到世界的形相而執着，則成為招致迷惑心的原因。若不見事物的形相，就不起分別。正覺就是觀這種真理，而捨棄分別心。

世間真如夢，財寶亦如幻。如同畫中的高低，雖可見但並非實有。一切如陽焰。

4. 相信由無量因緣所現的東西，會永久存在，是一種叫做常見的錯誤見解。又相信完全會消滅，是一種叫做斷見的錯誤見解。

此種斷、常、有、無，並非事物本身的形相，而是從人的執着所見的相。一切萬物本來就離此執着相。

一切萬物由因緣所生，故皆會變遷。並不像有實體的東西那樣永遠不變。因為會變遷，故如幻夢、如陽焰，而同時亦即是真實。

即是所謂無常（變遷）、即常（永遠不變）之道理。

一條河，人看做是河，但對視水為火的餓鬼來說，並不視為是河。故河對餓鬼而言不能說「有」，對人則不能說「無」。

同樣的，一切萬物皆不能說「有」，亦不能說「無」，是如幻夢。

而，離此如幻的世界，乃無真實的世界亦無永遠不變的世界，故把這個世界視為假有是錯誤，視為實有亦是錯誤。

但是，世人認為此錯誤的原因在於世界本身，然則世界既為幻夢，幻夢豈有分別心，會使人產生錯誤之理？錯誤乃起於不明白這種道理，而想像出假的世界、真實的世界，來愚弄人心。

有智慧的人，乃覺悟這種道理，將幻夢視為幻夢，故終不犯這種錯誤。

第 4 節　中道

1. 修道者應該避免兩種偏激的生活。其一、為被欲所服，而貪着欲樂的卑劣生活，其二、為徒然苛責自己身心的苦行生活。

這裡有離此兩種偏激生活，而能開心眼，增進智慧，導向開悟的中道的生活。

何謂中道的生活？中道的生活就是正確的見解（正見）、正確的思惟（正思）、正當的言語（正語）、正當的

行為（正業）、正當的生活（正命）、正當的努力（正精進）、正確的記憶（正念）、正心的統一（正定）等八種正確的道（八正道）。

一切萬物依緣而有生滅，故離有與無。愚者雖或見有，或見無，但正確智慧之所見解。乃為離有與無。這就是中道的正確見解。

2. 設有一隻木材漂流於大河中。該木材若不靠近左右兩岸，亦不沈於中流，亦不登陸，亦不被人檢取，亦不被捲入漩渦裏，亦不從內部腐朽，則該木材終究會流入大海。

正如這木材的譬喻，不拘於內外，亦不拘於有無，亦不拘於正邪，遠離迷惑，不拘於悟道，而委身於中流，這才是修道者的中道的見解，中道的生活。

修道生活最重要的是不拘泥於兩極端，而常行於中道。

當知一切萬物是不生、不滅、無固定性而不拘泥，亦不

拘於自己的善行，不可被一切萬物所縛。

　　不拘泥就是不握緊、不執着。修道者，不畏死，亦不求生。亦不追隨這種看法、那種看法，以及任何看法之後。

　　人，生起執着心，即開始迷惑的生活。所以，趨向悟道者的生活，是不執、不取、不住，才是不執着的生活。

　　3. 正覺本身亦無本質，故實無所悟。

　　有迷惑故說有覺悟，若無迷惑則悟亦無。離迷無悟，離悟無迷。

　　故，有悟尚成為障礙。

　　有黑暗故有照明，若無黑暗則照明亦無。照者與被照者亦俱不存在。

　　真正的修道者，得涅槃而不住於涅槃，因為執着有涅槃

還是迷惑之故。

到達這個境地，就能悟：障礙即解脫、黑暗即光明。必須悟到一切煩惱即是菩提（覺悟）這種境界方可。

4. 事物平等而無差別稱為空。物體本身的本質，無實體，不生亦不滅，這是不能用言語表達出來，故說是空。

一切萬物互相關連而成立，互相依賴而存在，並非單獨成立的。

正如光與影，長與短，白與黑，物體本身的本質，並非單獨存在的，故稱為無自性。

又，迷惑之外無解脫，解脫之外無迷惑，此兩種並非互相敵對的，故事物沒有兩種相反的相。

5. 人常見事物的生與滅，其實事物──本來不生，故不滅。

　　若能觀察到事物的真實形相（實相），則知事物無生滅兩種相，而悟不二的道理。

　　人認為有我，故執着於我所有。但是，本來無我，故無我所有。了知無我與我所有，而悟出不二的道理。

　　人認為有清淨與污染，而執着於此兩種。但事物本來無清淨亦無污染，淨與染，都不過是人心上的分別而已。

　　人以為善與惡是本來個別的東西，而執着善惡，但是，事實上，沒有單獨的善，亦無單獨的惡。入道者了知善惡本來無差別，而悟不二的道理。

　　人畏懼不幸而期望幸福。但若以真智慧觀此兩者，則知不幸的狀態即可成為幸福。因此，果能了悟不幸即是幸福，則能知纏於心身而束縛自由的迷惑與真實的自由並無不同，如此，人乃悟出不二的道理。

　　因此，縱使說有與無，迷與悟，實與不實，正與邪。事

實上並非有相反的兩種東西，由實相而言，絕不可說亦不能表示，亦不能認識，必須離開這些言說相與分別相。當人遠離了此種言說相與分別相時，即可悟得真空。

6. 例如，蓮華不生於清淨的高原或陸地上，反而在污泥中開花，並不是離迷惑而有解脫，錯誤的看法或迷惑即是佛的種子。*

倘若不冒着一切危險潛到海底即不能得到無價之珍寶一樣，若不入迷惑之泥海中，就不能獲得涅槃之寶。或許對我持有如山一般的大執着者，始生求道之心，而終於證悟。

所以，猶如昔日仙人登刀山而不受傷，自投於大火之中亦不被燒死，而感覺到清涼一般，若有求道之心，則解脫的涼風亦會吹遍於名譽利欲的刀山與憎恨之大火中。

7. 佛的教法乃是離相反之兩邊，而悟不異之真理。若於相反的兩邊之中取一邊而執着，即使其為善，為正，亦成為錯誤。

　　若人執着於一切萬物皆會變遷這種想法，這亦陷入錯誤的想法，又，若人執着於一切萬物皆不變的想法，這亦本來就錯誤的想法。

　　若又有人執着有我，乃為錯誤的想法，常不能離苦。若執着無我，亦為錯誤的想法，即使修道亦無效果。

　　又，若人執着一切事物皆苦，這亦為錯誤的想法，又，若說一切事物唯有樂，則亦為錯誤的想法。佛陀的教法是中道，乃離此兩種偏執。

第三章 ❖ 佛性

第 1 節　清淨心

1. 人有許多種類。有煩惱較少者，亦有煩惱較多者，有賢者，亦有愚者。

有性善者，亦有性惡者，有易教者，亦有難教者。

譬如說，有青、紅、黃、白等各種顏色的蓮花在池中，同樣生長於水中，養育在水中，但有不出水面的蓮花，亦有浮於水面的蓮花，亦有離水面而不沾水的蓮花一樣。

除此差別之外，更有男女的區別，但並非人的本性有差別。如男人修道能得道一樣，若女人修道，亦可經述應遵循的道程，而達到涅槃。

要學習馴象術，必須具有信念與健康，且要勤勉而不虛

偽，更要有智慧方可。欲追隨佛陀學道時，亦需要此五種條件。若具有此五種條件，無論男女，要學習佛的教法不需要很長的歲月。這是因為人皆具有悟性的緣故。

2. 於菩提道中，人以自己的眼睛看佛，以心信佛。與此相同，使人迄今流轉於生死之巷者，亦是此眼與心。

如國王要討伐入侵的賊時，首先必須要知道賊的所在，今欲消滅迷惑，亦必須先查明其眼與心的所在。

人在室內睜開眼睛時，首先看室內的東西，然後透過窗看外面的景色。並無不看室內之物而光看室外景色之眼。

然而，若於此身內有心，則首先應了解身內之事，但眾生只知身外之事，而有關身內之事，則幾乎全然不知。

又，若心在身外，則身與心互相離開，心所知者身不知，身所知者心不知。可事實上，心所知者身亦有感，身所感者心亦了知，故不能說心在身外。究竟心的本體在何處？

3. 本來，一切眾生之所以從無始以來，被業所縛，累積迷惑，是因為不知兩種根源之故。

一種是把生死根源的迷惑心，認為是自己的本性。一種是不知自己身上具有成佛本性的清淨心，本來就隱藏在迷惑心裏面。

握拳伸直手臂，眼睛可以看見而心知此事。但其所知之心，並非真實的心，而是分別心。

分別心由欲生起，是謀求自利的心，觸緣而生起的心，是無實體的變易心。將此心認為是有實體的心，於是產生了迷惑。

其次，把所握的拳頭放開，心亦知拳已放開。動的是手呢？還是心呢？或兩者都不是呢？

手動則心亦動，又，隨心動手亦動。但所動的心，是心的表面而非根本的心。

4. 一切眾生，皆具有清淨的本心。其清淨的心乃被依外界因緣所起的迷惑之塵所覆蓋。然而，迷惑心畢竟是客而非主。

月，雖暫時被雲遮蔽，但不被雲所染污，亦不被雲所動。所以說，人不要認為如浮動之塵的迷惑心，就是自己的本性。

又，人應覺醒於不動搖，且不被染污的清淨本心，而歸於真實的自己。人因執着浮動的迷惑心，並被顛倒的見解所迫，故徘徊於迷惑之巷。

人心的迷惑與染污，是人的欲望與其所變化的外界之緣接觸而產生的。

與此緣之來去無關，永久不動不滅的心，這就是人心的本體，亦就是主人。

如我們不能說客人走了，住宿的旅館亦沒有了，我們亦不能說沒有依因緣而生滅的分別心，自己也沒有了。依外緣而變化的分別，並非心的本體。

5. 假設這裡有一座講堂，太陽出來則明亮，太陽下山則陰暗。

明亮可還給太陽，陰暗可還給黑夜。但是，知明亮與黑暗之力，則不能還給任何地方。除了還給心之本性、本體之外別無他法。

太陽出現，而看到明亮亦是一時之心，太陽下山，看到陰暗亦是一時之心。

如此，被所謂明暗的外緣所引導，而知明暗的心。知明暗的心，是一時之心，並非心的本體，其知明暗之力的根本，就是心的本體。

被外界因緣所引而生滅的善惡、愛憎之念，是由積於人

心的污垢所引起的一時之心。

眾生都會被煩惱的塵埃[*]覆蓋，而不被污染的，是本來的清淨心。

把水放入圓形的器具就變成圓的，若放入方形的器具則變成方的。但是，本來，水無圓形或方形。然而，一切眾生忘記此事，而執着水的形狀。

見善惡，想喜歡不喜歡，想有無，被其想法驅使，被其見解束縛，追求外界之物而苦惱。

將被束縛之見解還給外緣，而回到無拘束的自己的本性，則可得到身心不被任何物所障礙的，自由的境地。

第 2 節　隱藏之寶——佛性

1. 所謂清淨的本心，換句話說就是佛性[*]。佛性就是佛[*]的種子。

我們把透鏡對着太陽，將焦點置於艾草取火時，火是從那裏來呢？太陽與透鏡相距甚遠，雖不能和合，但太陽以透鏡為緣，出現於艾草上是不容置疑的。又，若有太陽，而艾草不具可燃性，則艾草決不起火。

現在，在成佛之根本——佛性的艾草上，照以佛智慧的透鏡，則佛火乃成為開啟佛性的信火，而燃燒於稱為眾生的艾草之上。

佛陀以其智慧之透鏡照世界，故舉世燃起了信之火。

2. 眾生違背本來具有的悟道的佛性，而被煩惱的塵埃所拘，被事物的善惡相纏縛着心，悲嘆着不自由。

為什麼眾生本來就具有佛心，却會如此地產生虛偽，隱蔽佛性之光，而徬徨於迷惑之巷呢？

從前，有一個男人，有一天早晨照鏡子，發現自己沒有臉也沒有頭而大為驚慌。但是，並非無臉無頭，而是把鏡子

拿反着看，自以為是沒有了。

欲得道却因未得道而苦惱是愚痴的，亦是不必要的。雖然在悟中無迷惑，但在無限長久的時間裏，被外界的塵埃所動，而編織妄想，由其妄想而造出迷惑的世界。

所以，停止妄想，解脫乃自然而返，於是就會了解並非在解脫之外有妄想。而且，不可思議的是，一旦覺悟者當會發覺本無妄想，亦無解脫。

3. 此佛性是無盡的。縱使生為畜生、餓鬼而痛苦，或墮於地獄，此佛性亦不絕。

在染污的身體中，或在污垢的煩惱底下，佛性只被覆蓋其光而已。

4. 從前，有一個人到朋友家，當他酒醉在睡覺時，其友因急事而出外旅行。其友因担心他的將來，乃把高價的寶石縫在他的衣領裏。這個人並不知此事，醉醒後到外國去流

浪，而苦於衣食。其後，再遇舊友乃被告知：「用你縫在衣領裏的寶石吧。」

像這個譬喻，佛性的寶石，被貪、瞋等煩惱的衣領包藏，且不被染污而存在。

如此，任何人都無不具足佛的智慧，故佛看透了眾生而稱讚說：「好啊！眾生皆具有佛的智慧與功德。」

而且，眾生被愚痴所覆蓋，把事物看成顛倒，不能見到自己的佛性，故佛教導眾生，令眾生遠離其妄想，並使他們知道，他們本來與佛無差別。

5. 這裡所謂的佛是已成之佛，而眾生是將來必成之佛，除此以外無有差別。

然而，雖為必成之佛，但並非已成佛，故若以為已成道，則犯了很大的過錯。

雖有佛性，若不修則不現，不現即非成道。

6. 從前，有一位國王，集合很多盲人，讓他們摸象，而叫他們每一個人說出象是怎樣的動物。摸到象牙者說象好像是個大紅蘿蔔一樣的，摸到耳朵者說象好像是一把扇子，摸到鼻子者說象像一根長棒子，摸到腳者說象好像是臼子，摸到尾巴者說象像繩子一樣。沒有一個人能把握象的形象。

看人也與此相同，雖能觸及人的一部分，但要說中其本性的佛性，並不容易。

要發見不因死而失去，於煩惱中而不染污，且永遠不滅的佛性，除依佛與法之外，乃不可得。

第 3 節　解脫

1. 如此，若說人人有佛性，或許會認為那是與外教所說的我相同，則是錯誤的。

　　個我的想法是因執着心而有的，對於覺悟者而言，個我亦是應被否定的執着，對此，佛性是必須發掘出來的寶物。佛性雖與我相似，但並不是「個我」或「我所」的小我。

　　以為有我的想法，是將沒有的東西以為有的顛倒的見解，不承認佛性，亦是將有的東西認為沒有的顛倒的見解。

　　例如，嬰孩生病去求醫，醫師投藥並吩咐其母親，服此藥後不可與乳，須等藥消化後始可與之。

　　母親即以苦物塗在乳上，使小兒不敢飲乳。後來，藥已消化，母親就以水洗淨其乳，而讓小兒飲乳。母親的此種舉動，是由愛子的慈心而來。

　　像這樣，為了要除去世間的錯誤觀念，除去我執，而說無我，因其錯誤的見解已破除，故再說有佛性。

　　我是引人入迷惑的，而佛性是引人至涅槃境界的。

　　猶如因憐憫一個不知自己家裏有黃金寶箱，而過着窮困
生活的婦人，乃掘出其黃金寶箱給予她，佛陀揭開眾生具有
的佛性，讓他們看。

　　2. 既然眾生皆有佛性，為何有貴賤、貧富的差別，有
殺人、被欺騙等討厭的事發生呢？

　　譬如，在宮廷服務的一個大力士，未取下裝飾在眉間的
一顆小金剛珠就與人摔角，而撞到額頭，珠就沒入肌膚裏面
而生瘡。力士以為遺失了寶珠，只欲治其瘡而請醫師。醫師
一看便知道其瘡是由沒入膚中的寶珠所引起，於是取出寶珠
給力士看。

　　眾生的佛性亦被埋沒在煩惱的塵埃之中，而看不見了，
但總會由好導師的指引而再度發現佛性。

　　如是，雖有佛性，但被貪、瞋、痴等所覆蔽，被業與報[*]
所纏縛，因此才會各受迷惑的境遇。但是，實際上佛性並未
喪失亦未被破壞，只要去除迷惑即可再度發現。

正如譬喻中的力士，看到被醫師取出來的寶珠，眾生也因佛光照耀而得見佛性。

3. 如紅、白、黑等各種不同毛色的牝牛，若擠乳，皆可得同樣白色的牛乳，境遇不同，生活不同的各種人，儘管其業報不同，卻具有相同的佛性。

譬如，在喜馬拉雅山有名貴的藥隱藏在深草叢下，人們不能發現到它。從前，有一位賢人，尋藥香而知其所在，於是作了導水管，把藥收集於管中，可是，賢人死後藥被埋沒於山中，導水管中的藥腐爛，而依其所流之處不同，發出的味也有所不同。

如這個譬喻，佛性亦深深地被煩惱的草叢覆蓋着，故人們不容易發現它。現在佛陀把草叢推開，把它顯示給他們看。佛性之味本來只有一種甜味，由於煩惱而發出種種味，因而人們過各種不同之生活。

4. 佛性像金剛石一般地堅硬，故不可破壞，沙石可磨

成粉，但金剛石不能穿徹，不至於沮壞。

身心雖然會遭破壞，但佛性却不至於破壞。

佛性，實在是最優秀的人類之特質。世間有認為男優女劣的習慣，但在佛陀*的教法中，不立男女之差別，唯以知佛性為最尊貴。

將黃金的鑛石熔化，去其渣滓，加以提煉就變成貴重的黃金。將心的鑛石熔化除去煩惱之渣滓，則任何人皆可開發相同的佛性。

第四章 ❖ 煩惱

第 1 節　惑障

1. 覆蓋佛性*的煩惱*有兩種。

一種是迷於道理的理性的煩惱。第二種是迷於事情上的感情的煩惱。

這兩種煩惱是所有煩惱根本上的分類，若尋求成為這所有煩惱之根本者，則一為無明*，一為愛欲。

此無明與愛欲具有產生所有煩惱的潛在力。而這兩種才是一切煩惱的根源。

所謂無明就是無知，就是不會辨別道理的是非。

愛欲是強烈的欲望，以對生之執着為根本，亦會變成凡是所見所聞都想要的欲望，又轉而成為願死的欲望。

以此無明與愛欲為本，產生貪、瞋、痴、邪見、恨、嫉、諂、誑、驕、慢、懈怠以及其他種種煩惱。

2. 會起貪欲，是因為看到喜歡的東西，而懷有不正當的想法之故；會起瞋恚，是由於看到不喜歡的東西，而懷有不正當的想法的緣故；痴是因其無知而不知應該做的事，與不應該做的事；邪見是由受到不正確的教法，以致有不正當的想法而起。

此貪、瞋、痴、被稱為世間的三種火。貪火燃燒耽於欲而失去真實心的人，瞋火燃燒生氣而殺害生物之生命的人，痴火則燒心迷惑而不知佛陀之教法的人。

誠然，這個世間被各種火燃燒着。貪火、瞋火、痴火，生、老、病、死之火，憂、悲、苦、惱之火，因各種火而熊熊地燃燒起來。這些煩惱之火不但燃燒自己，也使他人痛苦，而且引導人走向身、口、意三種惡行。加之，被這些火燒傷的傷口上的膿，將毒害觸摸到的人，使他陷入惡道。

3. 貪是由欲得滿足之心情而生，瞋是由得不到滿足之心情而生，痴是從不淨的想法而生。貪的罪垢雖較少，但不容易捨離，瞋的罪垢雖較大，但要捨離甚快。痴的罪垢又大，又不容易捨離。

因此，當人們見聞喜歡的東西時應持正確的思念，見到不喜歡的東西時應培養慈悲心，常常以正確的思考，消除此三種火。若人人充滿着正當、清淨、無私的心，則絕不會被煩惱所惑。

4. 貪、瞋、痴像發燒。任何人，只要有一種熱，無論躺在何等華麗廣大的房間，亦被其熱魘住，而睡不好覺。

沒有這三種煩惱的人，即使在寒冷的冬夜，躺在以樹葉為墊的薄床上，亦能睡得極甜，在悶熱的夏夜裏，關閉在狹窄的房間，亦能睡得很安穩。

此三種煩惱，是世間悲與苦的根源。斷絕此悲苦之根源

者，就是戒、心的統一（定）與*智慧。戒可除去貪欲，正當的心之統一可除去瞋恚，智慧可除去愚痴。

5. 人的欲望是無窮盡的。這恰似飲鹽水者不能止渴。他永遠不能滿足，其渴只會越來越厲害。

人雖想滿足其欲望，但只是徒增不滿而焦急而已。

人絕不可能滿足欲望。於是有求不得苦，無法滿足時就變得要發狂了。

人為欲而爭，為欲而戰。王與王、臣與臣、父母與子、兄與弟、姊與妹、朋友之間，互相為欲，瘋狂而相爭，甚至相殺。

又有人，為欲而自毀其身，偷盜、詐欺、姦淫等無所不做。有時被捕，受各種刑罰而苦惱。

又，為欲而累積身、口、意的罪業，不但在此世受苦，

同時在死後之世，入黑暗的世界，受種種痛苦。

6. 愛欲是煩惱王，種種煩惱跟隨着它。

愛欲是萌煩惱芽的濕地，能生種種煩惱。愛欲是吃善的鬼女，能滅一切善。

愛欲是隱居於花中的毒蛇，將以毒刺殺貪欲望之花者。

愛欲是使樹木枯萎的蔓草，纏繞着人心，將人心中的善汁吸盡。

愛欲是惡魔所投的餌，人被引誘而沈淪惡魔之道。

將塗了血的乾骨給一隻餓狗，狗就啃住骨頭不放，但只得到疲勞與煩惱而已。愛欲之不養人心，完全與此相同。

野獸為了爭一片肉而互相傷害。拿火炬向着風的愚人，終於會燒自己，如野獸，又如愚人，人為了欲而傷害自已。

第四章·煩惱

燒其身。

7. 從外面而來的毒箭有辦法防範，但從內部來的毒箭則防範無術。貪、瞋、痴、慢被喻為四種毒箭，會引起各種疾病。

當心中有貪、瞋、痴時，口即會出妄語、惡口與兩舌，身則會犯殺生、偷盜與邪淫。

意之三惡、口之四惡以及身之三惡，稱之為「十惡」。

一個人若明知故犯而能說謊，則任何壞事都做得出來。因為做壞事，所以就非說謊不可，因會說謊話，所以就會毫不在乎地去做壞事。

人的貪婪、愛欲、恐懼以及瞋恚，皆由愚痴而來，人的不幸、困難，亦由愚痴而來。愚痴實在是人世間的病毒。

8. 人由煩惱而產生業*，由業而招來苦惱。煩惱、業與

苦惱，三個車輪輾轉而永無休止。

此車輪的旋轉無始亦無終。而且人不知如何逃出這個輪[*]迴。順從永劫回歸的輪迴，人從現世到來世永遠轉生下去。

在無窮盡的輪迴之間，若將一個人燒掉的骨灰堆積起來，則比山還高，又，若將其間他所飲的母乳收集起來，則當比海水還要多吧。

所以，雖說眾生皆具有佛性，但因煩惱之泥太深厚，故其萌芽並不容易。不萌芽的佛性，雖有卻不能說有，故眾生的迷惑是無止境的。

第 2 節　人的性質

1. 人的性質，恰如不知入口的竹叢，難於瞭解。與此相較，動物的性質反而容易瞭解。此種性質難於瞭解的人，可分為下列四種類。

第一種人，是自尋痛苦的人，因受錯誤的教導而苦行。

第二種人，是令他人受苦的人，做出殺生、偷盜以及其他種種慘酷的事。

第三種人，是自尋痛苦亦使他人痛苦的人。

第四種人，是自己不痛苦，同時亦不使他人痛苦的人，是遠離欲望而安樂的生活，遵守佛的教法，不殺生、不偷盜，行為清淨的人。

2. 又此世間有三種人。即：像刻在岩石上的字似的人，像寫在砂上的字似的人，以及像寫在水上的字似的人。

所謂像刻在岩石上的字似的人，是指常常生氣，而將怒氣長久持續，其怒氣有如刻的字一般不會消失的人而言。

所謂寫在砂上的字似的人，是指雖常常生氣，但其怒氣像寫在砂上的字，迅速地消失的人。

所謂像寫在水上的字似的人，是指如同在水上寫字即流去不成形一般，聽到他人的惡口或不愉快的言語，亦不放在心裏充滿着和氣的人而言。

又，另有三種人。第一種人，是易於看出其性質，心高傲，輕率而常心神不安的人。第二種人，是不易瞭解其性質，沉靜而謙虛，對於事物很謹慎，抑制欲望的人。第三種人，是完全難於瞭解其性質，而已滅盡自己的煩惱[*]的人。

如是，可將人作種種的分類，其實，人的性質是不易瞭解的。唯有佛陀深知這些性質，而顯示各種教法。

第 3 節　現實的人生

1. 這裏有一則譬喻人生的故事。假設有人泛舟順着河流而下。站在岸上的人聲嘶力竭地喊叫：「不要快活地往下流去啊。下流有洶湧的波濤，有旋渦，又有鱷魚與可怕的夜叉所住的深淵。若一直下去一定會死！」

在這譬喻中，「河流」就是指愛欲生活，「快活地往下流」就是指執着於自身，「波濤」表示瞋怒與苦惱的生活，「旋渦」表示欲樂，「鱷魚與可怕的夜叉所住的深淵」是指因罪而毀滅的生活，「站在岸上的人」就是指佛陀[*]。

這裏還有一則譬喻。有一個男人犯了罪而逃走。因追捕他的人迫近，而使他陷於絕境，忽然看到腳下有一口古井，且垂着蔓藤。他想順着蔓藤下井，而看到井底有一條毒蛇張開大嘴等待着他。無可奈何乃以蔓藤為命根子，吊在空中。不久，雙手開始疼痛，加之，出現兩隻黑白的老鼠，開始咬蔓藤。若蔓藤被咬斷時，一定掉下去被毒蛇吃掉。這時，抬頭一看上面，從蜂窩滴着很甜的蜂蜜，一滴二滴，滴落到他的口中。於是，他忘記了自己危險的立場，而陶醉在蜂蜜的甘味裏。

在這譬喻中，「一個人」就是一個人生、一個人死的孤獨之相，「追捕的人」與「毒蛇」就是指成為欲之根源的自己的身體，「古井的蔓藤」就是人的生命，「兩隻黑白的老鼠」表示歲月，「蜂蜜」就是眼前的欲樂。

2. 又，再說一個譬喻。有一個國王把四條毒蛇放進一個箱子裏，並命一個男子飼養毒蛇，而且告訴他若使一條蛇發怒的話，就要他的命。該男子駭怕國王的命令，乃捨蛇箱逃走了。

國王聞知此事後，乃命五個臣下去追捕。他們詐為親善而接近他，想把他帶回去。該男子不信而再逃走，逃到一個村莊，想找隱身之處。

這時空中有聲告訴他說，這個村莊無人居住，而且今夜當有六個賊來襲。他大為驚恐，再逃出村莊。他來到了一條洶波激流的河。要渡河並不容易，但想到此岸的危險乃作筏，勉強得以渡河到達彼岸，始得安穩。

所謂「四條毒蛇的箱子」是指地水火風四大要素組成的身體。此身體是欲之根源是心敵。所以他厭惡身體而逃走。

「五個臣下詐為親善而接近」是指同樣組成此身心的五

要素（五蘊：色、受、想、行、識）。

「隱身之處」是指人的六種感覺器官（六入：眼、耳、鼻、舌、身、意），而「六個賊」就是這六種感覺器官的六種對象（六塵：色、聲、香、味、觸、法）。這樣，看到所有官能的危險而再度逃走，「看到激流的河」就是煩惱狂暴的生活。

在這深不可測的煩惱大河，漂浮在教法之筏上，而到達安樂的彼岸。

3. 世上有母親無法救子女，子女亦無法救母親的三種情形。 那就是大火災、大水災、大盜難的時候。不過，在這三種情形中，有時亦有母子互助的機會。

可是這裏有母親絕無法救孩子，孩子亦無法救母親的三種情形。那就是當恐怖的老、病、死來襲的時候。

母親的老邁，做子女的豈能代替？可憐孩子生病而哭泣

的母親，怎能代替孩子生病呢？孩子的死，母親的死，雖然是母子，無論如何也不能替代。儘管如何地互相深愛的母子，在這種情形亦絕不能互相幫助。

4. 對在此世間作惡事，而死後墮地獄的罪人，閻魔王問他：「你在人世間時，有沒有遇到三位天使？」「大王，我沒有遇見。」

「那麼，你有沒有見到年老而彎着腰，拿着拐杖，而搖搖晃晃地走路的人呢？」「大王，那種老人的話，我見過很多。」「你雖遇見了天使，但不曾想到自己亦會逐漸年老，應該趕快做善事，才會受到今天的報應。」

「你有沒有見過生了病，不能一個人起居，看來憔悴得可憐的人呢？」「大王，我見過很多那樣的病人。」「你既然遇見叫做病人的天使，你卻太疏忽了，沒有想到自己亦是會生病的人，所以來到這地獄。」

「其次，你有沒有在你周圍見過死人？」「大王！死人

第四章‧煩惱

我見過很多。」「你遇見了警告死亡的天使，却沒想到死而沒有及時行善，所以受到這種報應。你自己的所作所為，必須由你自己承受其報應。」

5. 城裡有一位富裕人家的年輕媳婦名叫趐舍橋答彌（Kisagotami），因其獨生子夭折而發狂，乃抱着冰冷的屍體走到街上，到處尋找有沒有人能醫治孩子的病。

街上的人對此瘋女也不能怎麼樣，只是可憐地目送她而已，但是有位釋尊的信徒不忍心看她這樣，就勸她去找在祇園精舍（Jetavana）的釋尊。她馬上就抱着孩子去找釋尊。

釋尊靜靜地看她的樣子而說：「婦人，若要醫治這個孩子，需要芥子。妳在街上去要四、五粒回來。不過，這種芥子，一定要向沒有出過死人的家要回來。」

瘋狂的母親，乃到街上尋求芥子。雖然芥子很容易得到，但不曾出死人的家却無法找到。她終於無法得到芥子而回到佛陀跟前。她見到釋尊安靜的容貌，才領悟到釋尊所說

的意義，有如從夢中覺醒，於是把冰冷的孩子放在墓地安葬以後，回到釋尊跟前，做了弟子。

第 4 節　迷的形態

1. 世間的人，人情薄如紙，不知相親相愛。而且，共諍無謂之事，在劇惡苦惱之中，各自勤於工作，才勉強地過日子。

不管身分之高低，財富之多寡，所有的人皆為錢財而苦惱。沒錢的人為沒有而痛苦，有錢的人為有錢而愁苦，一直為了貪欲而煩心，無片刻安寧。

富裕的人有田而憂田，有房子而憂房子，執着一切存在而累積憂慮。或遇災害，或遇困難，被焚燒劫奪而失掉時，就痛苦憂惱甚至喪失生命。而且死亡之路當獨自走去，無人陪伴。

貧窮的人常為不足而痛苦，想要房子、想要田地，而被

這想要的思念所焚燒，以致心身俱勞。因此有時不能保全生命，中途而死。

整個世界看起來似乎是敵對的，必須獨自一個人走上遙遠的死亡之旅。

2. 又，此世間有五種惡。

第一種，是所有的人乃至地上爬的蟲，一切皆互相仇視，強者伏弱，弱者欺強，互相傷害，互相吞噬。

第二種，是父子、兄弟、夫婦、親戚等，都無義理，不順法度。只以自己為中心而縱欲，互相欺騙，心口各異，而無誠意。

第三種，是無論誰都懷着邪念，為淫念焦心，男女之間無分寸因此結黨互爭，常行非道。

第四種，是不想互相勉勵行善，却相教共做壞事，以妄

言、綺語、惡口、兩舌等互相傷害。不知互相尊敬，自以為自己最尊貴、偉大，傷害別人而不加反省。

第五種，是人人都懶惰懈怠，不知行善，不知報恩，亦不知盡義務，只隨欲而動，增添他人的麻煩，遂犯滔天大罪。

3. 人本應互相敬愛，互相施捨，可是却為一點利害而互相憎恨鬥爭。而且不知鬥爭之心雖微小，但將隨着時間之經過變得愈大愈劇，而遂成大恨。

世上的鬥爭雖互相傷害，但不至於馬上破滅，不過含毒積怨，遂把憤怒銘刻於心，以致生生、死死互相傷害。

人在此愛欲的世界，獨生獨死。未來的報應無人能代替，應獨自承當。

善與惡各異其報，善可帶來幸福，惡則招來災禍，乃由不可動搖的道理而定。而且，各人担負自己的業，獨赴已決

第四章·煩惱

定報應之處。

4. 被恩愛之繩所繫而閉於憂苦，經長久的歲月，亦不能解脫痛苦。同時，耽溺於激烈的貪欲，即被惡念包圍，惹事生非，與人鬥爭，而不得親近真實之道，以致壽命未盡便被迫死亡，永劫痛苦。

這種人的作為，拂逆自然之道，違背天地之道理，故必招災禍，在現世、後世，都在累積痛苦。

誠然，世俗之事轉眼就過去，無一可以依賴，無一可以為力。值於此中，所有人皆沈迷於快樂，誠可謂可嘆之至。

5. 這種情形，實在是此世間的真相，人們生於痛苦中只知行惡，而絲毫不知行善。故依自然之理，難免更受痛苦的報應。

只知厚己，而不知施惠於人。加之，被欲所迫而運用所有*煩惱，因此而苦惱，又再受其果報而痛苦。

富貴榮華的時勢不能永續，隨即過去。此世間的快樂亦無一能永續者。

6. 所以，人應捨捨棄世俗之事，於強健時求道，願求永生。除了求道之外，尚有何依靠，有何快樂？

然而，世人不信作善得善，為道得道。又，不知人死更生，不信布施可得幸福。不信一切有關善惡之事。

只持錯誤的想法，不識道德，不知為善，內心黑暗，不知吉凶禍福連續發生的道理，只為眼前發生的事悲傷哭泣。

任何東西沒有永久不變的，故一切都會變遷。只知對此痛苦悲傷，而不聞教法，心無遠慮，只迷於眼前的快樂，貪於財色而無厭。

7. 眾生從久遠以來就輾轉於迷惑世界，沈淪於憂愁苦惱中，這是不能以言語說盡的。乃至今日迷惑尚不絕。然而今得與佛之教法相見，聞佛名而信受，真是可喜的事。

　　所以，人當深思熟慮，遠離眾惡，擇其善者努力勤行。

　　我們現在有幸得與佛陀的教法相見，則任何人皆應信佛陀的教法，而願生佛國。既然已知佛陀的教法，我們就不可順從他人再迷於煩惱與罪惡。又，不將佛陀的教法佔為己有，應如法實踐，並應轉相教誡他人。

第五章 ❖ 佛的救濟

第 1 節　佛的願望

1. 如上所述，眾生的生活，其煩惱甚難斷除，又從無始以來，負荷着如山的罪業，累積着迷惑。因此，縱使具有佛性之寶，亦不易將之開顯出來。

睹見人間此種情形的佛，乃於久遠以前成為菩薩，因憐愍眾生，而為了一切懷有恐懼者，發願成為大慈悲者，乃發如下之願望。同時發誓，縱然處身於任何痛苦之毒中，亦必努力精進以完成所願。

（一）設若我成佛，生於我國中的人，不能確實成為成佛之身，而必至佛道的話，誓不成佛。

（二）設若我成佛，我的光明有限而不能照耀世界每一個角落的話，誓不成佛。

（三）設若我成佛，我的壽命有限，無論任何數字，只要是可以計算數字的話，誓不成佛。

（四）設若我成佛，十方世界一切諸佛，不悉來稱讚、稱念我的名字的話，誓不成佛。

（五）設若我成佛，十方眾生以真實心起甚深信心，欲生我國而念我的名字乃至十次，若不生的話，誓不成佛。

（六）設若我成佛，十方眾生，發求道心，修很多功德，以真實心發願，欲生我國，若此人臨壽終時，假令我不被偉大的菩薩們圍繞，而現在其人面前的話，誓不成佛。

（七）設若我成佛，十方眾生聽到我名字，思念我國，種植諸多功德之根本，至心迴向，欲生我國，而不能如願的話，誓不成佛。

（八）設若我成佛，來生我國者，必能到達「下次轉生能成佛之位」（一生補處）。而且能自在地教化眾生，並隨

其願開導諸多眾生使入成佛之道，修習大悲的功德，若不這樣的話，誓不成佛。

（九）設若我成佛，十方世界眾生，接觸到我的光明，而身心柔和，成為最超越的人，若不這樣的話，誓不成佛。

（十）設若我成佛，十方世界眾生，聽到我的名字，而不能得到不被生死所執的甚深信念，與不被障礙的甚深智慧的話，誓不成佛。

我今立此誓願。若此願不得滿足，誓不成佛。我將成為無量光明主，普照一切國土，消除世間的煩惱，為眾生開啟法藏，廣施功德寶。

2. 如斯立願，於不可計量的長期間積植功德，造清淨國土，已於很久以前成佛，現在住在其安樂世界說法。

其國土清淨而安樂，遠離煩惱充滿法樂，衣服、食物以及所有美妙之物，皆能隨其國眾生之心而現。微風徐徐吹動

諸寶樹，法音就普流於四方而使聞其音者去除心中的污垢。

又，其國土盛開着各種顏色的蓮花，每一朵花有無量花瓣，每一花瓣放出其花色的光輝（即青色青光、白色白光等），每一道光各說佛之微妙法，令聞法之眾生，安立於佛正道。

3. 現在十方一切諸佛，皆共讚歎此佛之殊勝功德。

無論任何人，聽到此佛的名字，以信心歡喜的一念，即得往生彼佛國土。

往生其佛國的眾生，皆得無量壽命，又自發願欲救度一切眾生而精進。

由於立這些願，得遠離執着，覺悟無常[*]。實踐自利利他的行為，與眾生共生活於慈悲中。而不被世俗生活的枷械[*]與執着所縛。

　　眾生知此世間的苦難，同時，亦知佛的慈悲之無量無邊。其眾生之心，無執着，無我與他的區別，無去來進止，無所繫，隨心所欲自由自在。而且選擇與佛恩賜慈悲之眾生共住。

　　所以，若有人，聽到此佛名號，歡喜踴躍，乃至一念其名，其人當得大利益。設若要踏進充滿於此世界的火炎中，亦當聞此經法歡喜信受，如法修行。

　　若眾生認真地希望得菩提，無論如何，都得依靠佛力才行。若無佛力而得菩提，並非普通人所能做到的。

　　4. 現在，這位佛陀，就在離此不遠的地方。雖然其佛國在遙遠的地方，但也在念佛者的心中。

　　首先，在心裡觀想此佛的身相，有千萬道金色光明，有八萬四千相與特徵。每一相與特徵各有八萬四千光明，每一光明遍照着每位念佛的人，包容而不捨。

第五章・佛的救濟

以拜見此佛故亦拜見佛心。所謂佛心就是大慈悲，救度有信心的人當然不用說，就是不知佛的慈悲，或忘記的眾生都會救度。

對於有信心的人，佛就給他與佛成為一體的機會。若想念此佛，因為此佛是充滿於一切處的法身，故能入一切眾生的心想中。

因此，當一個人心想佛時，其心實為具有圓滿的相與特徵的佛，此心作佛，此心即是佛。

凡具有清正信心的人，應當想念心即是佛心。

5. 佛身有種種相，隨應眾生的能力而示現，充滿於此世界而無量，並非人心的思考所能及的。那是在宇宙、自然以及人間之中得以瞻仰。

但是，念佛名號者，必能見佛相。此佛常率領兩位菩薩，來迎接念佛的人。

　　佛的化身雖充滿於一切世界，但唯有信心的人才能拜見。

　　只思念佛的假相，即可得無限的幸福，何況得以拜見真佛之人的功德，是不可計量的。

　　6. 此佛心即是大慈悲與智慧，故任何人都可救度。

　　因愚痴而犯可怕的罪，心中抱有貪、瞋、痴等念，口說妄語綺語、惡口、兩舌語，身犯殺生、偷盜、邪淫等作十惡的人因其惡業之故，當永遠受未來的痛苦。

　　其人臨命終時，善友誠懇地教他說：「你現在痛苦逼迫而不能念佛吧。只要稱此佛名就好了。」

　　此人一心稱佛名，則於一聲一聲中，除去入無量無邊迷惑世界之罪而得救。

　　若人稱此佛名，可除去走入永無盡的迷惑世界之罪。何況至心思念，就更不用說了。

念佛的人，實在是像白蓮花那樣清淨的人。慈悲與智慧二菩薩成為其勝友，又常不離道，而終得往生淨土。

故人人應記住上述的話，記住上述的話即是記住此佛（無量壽佛）名。

第 2 節　清淨國土

1. 此佛今現在，而正在說法。其國眾生皆不知痛苦，只過着快樂的日子，故名為極樂。

其國有七寶作成的池，其中充滿着清淨的水，池底鋪着金沙，池中開着大如車輪的蓮花，青色的花放出青光，黃色的花放出黃光‧紅色的花放出紅光，白色的花放出白光，四周蕩漾着清香。

又，其周圍到處有以金、銀、青玉、水晶等四種寶作成的樓閣，那裏有大理石作的樓梯。又，另外的地方有突出於池上的欄杆，圍繞着以寶玉裝飾的幕。又，其間還有芳香的

樹木與開滿了花的花叢。

空中響着莊嚴的音樂，大地映照着黃金的色彩，晝夜六次降落天花，其國眾生收集那些花盛於花猴，拿到其他所有佛國，供養無數的佛。

2. 又，此國的園裏，有白鳥、孔雀、鸚鵡、百舌鳥、迦陵頻伽等眾多鳥，常發出優雅的聲音，稱讚所有的德和善，而宣布教法。

眾生聽到這種聲音，皆會念佛、念法、念人的和合（僧）。不論誰聽到這種音樂聲的人，都覺得像聽到佛的聲音，而更堅固對佛的信心，更增加聞法的喜悅，更增進與所有國家的佛教徒之間的友情。

微風吹動，拂過諸寶行樹，觸到繫有亮鈴的網，發出美妙的聲音，有如百千種音樂同時演奏。

聽到這種音的人，又自然會念佛，念法，念人的和合

第五章‧佛的救濟

（僧）。其佛國土，具備了如是功德與美麗的裝飾。

3. 為什麼此國的佛被稱為無量光、無量壽佛呢？因為彼佛的光明無量，照十方各國毫不受障礙。又其壽命無限量，故名為阿彌陀佛。

而且生於其國的眾生，皆至不再回到迷惑世界之境地，其數不能數盡之故。

又，依此佛之光明而覺醒於新生命的眾生之數，無量的原故。

若心中持念此佛名號，一日或至七日，一心不動搖，則其人臨命終時，此佛與許多聖眾，現在其人面前。其人的心就不顛倒，而即得往生其佛國土。

若有人聽到此佛的名字，而信此教法，則被諸佛守護，而能得無上正覺。

Part

3

修道

第一章 ❖ 成佛之道

第 1 節 淨心

1. 人有迷惑與痛苦的原因——煩惱[*]。要脫離這煩惱的繫縛有五種方法。

（一）要有正見，方能辨別其原因與結果。一切痛苦的原因，是心中的煩惱，故煩惱消滅，就會顯現沒有痛苦的境界。理解此種道理就是正確的見解。

由於見解錯誤，才會產生我見，與無視原因、結果之法則的想法（法執），因執着這種錯誤的想法而產生煩惱，於是迷惑受苦。

（二）因抑制欲望而制止煩惱。由明心以抑制眼、耳、鼻、舌、身、意六種器官所產生的欲望，而斷絕產生煩惱的根源。

（三）當使用物品時，要正確地思考。使用衣物或食物不想是為了享樂。衣物是為了防禦寒暑與遮蓋羞恥，食物是為了滋養修道之身。由於這種正確的思惟，煩惱就不產生。

（四）任何事情都要忍耐。忍耐暑熱、寒冷、飢餓、乾渴，毀謗亦要忍耐。因承受此種忍耐，而使燒滅自身的煩惱之火燃燒不起來。

（五）要遠離不可去之處，不可交之朋友。如此則煩惱之火焰會消失。

2. 世間有五種欲望。

那就是對於眼睛所見的東西，耳朵所聽的聲音，鼻子所聞的香氣，舌頭所嚐的滋味，身體所觸的感覺，這五種東西感到舒適而可喜。

大多數的人，迷於肉體的美好，而看不見其結果所引起的災害。這有如森林中的鹿中了獵人的圈套而被捕一樣，是

中了惡魔所下的圈套。五欲實在是個圈套，人們中了這個圈套而起煩惱，產生痛苦。所以，我們見了五欲的災害，就應該要知道脫離其圈套的方法。

3. 其方法不僅是一種而已。譬如，把蛇、鱷魚、鳥、狗、狐、猴子等習性不同的六種動物捕捉而以粗繩綑縛，再把其繩連結然後放之。

這時，六種動物，各按照其習性，欲返各自的住處——蛇回塚、鱷向水、鳥向空、狗向村莊、狐向原野、猴向森林。因此互爭，最後被拖到力氣大的方向。

正如此譬喻，人們被眼睛看到的東西，耳朵聽到的聲音，鼻子聞到的香氣，舌頭嚐到的滋味，身體觸到的感覺以及心想到的事物所牽引，而被牽到其中誘惑力最強者的那一邊受其支配。

又，若把這六種動物各用繩子綑縛，把它綁在堅固的大柱子。最初，這些動物會掙扎着想回各自的住處，但終於筋

疲力盡，躺在大柱旁而不能動彈。

　　與此同理，若人修其心，鍛鍊其心，則不會被其他五欲所惑。若心被駕御，人們當於現在以及未來得到幸福。

　　4. 人們任欲火之燃燒而追求輝煌的名聲。這猶如線香燃燒自己放出香氣而逐漸消失。若徒然追求名聲，貪圖名譽，而不知求道，則身有危險，心受懊悔的苛責。

　　貪求名譽、財富與色欲，有如小孩子舔塗在刀刃上的蜜。嘗甜味之中，竟冒着割舌的危險。

　　貪求愛欲而不知足者，如舉着火炬逆風而行。當然會燒到自己的手與身體。

　　不可相信充滿着貪、瞋、痴等三毒的自己的心。不可放縱自己的心，而應努力去抑制心使之不隨欲而趨。

　　5. 欲得道的人，必須去除欲火。如背着乾草的人見野

火而迴避一樣，求佛道的人，必須遠離欲火。

若見美色，深恐心被其迷惑而想挖眼的人是愚痴的。因為心是主人，所以若斷除邪念，則侍從——眼睛的思念亦立即停止。

精進求道雖然很苦，但無求道心的人更苦。生於此世間，老邁、生病，而死亡。其痛苦是無休止的。

精進求道，必須像牛背着重擔在深泥中行走時，雖疲倦亦不敢旁視而聚精會神地向前邁進，直到離開深泥才喘一口氣一樣才行。欲望之泥沼雖很深，但只要正心求道，當能脫離泥沼消滅痛苦。

6. 求道的人，應除去心中的傲慢，而把教法的光加披在身上。任何金銀、財寶的莊嚴，亦不及功德的莊嚴。

欲使身體健康，家庭繁榮，人人安居樂業，首先應調御心。若有調心樂道的念頭，其身就自然而然地具足功德。

　　寶石從地而生，德從善而現，*智慧從清淨心而生。要在曠野般廣闊的迷惑人生中前進，必須依賴智慧之光，照明應走的道路，靠功德之莊嚴戒身向前進。

　　佛陀所說的「捨棄貪、瞋、痴三毒」的教法，是很好的教法，遵從其教法的人，是可得美好生活與幸福的人。

　　7. 人心往往傾向於其想念追求的方向。若想到貪即起貪心。若想到瞋則增強瞋心。若想到損害則害心就增多。

　　養牛的人，到秋收時，就把放出的牛集合起來關在牛欄裏。那是要防止牛把穀物毀壞而被抗議，或被殺的緣故。

　　人也要同樣地，見了由壞事而引起的災害，就應把心關閉，而破除惡念。應破除貪、瞋與害心，而培養不貪、不瞋、不害之心。

　　養牛的人，到了春天原野上的草開始萌芽時，就把牛放出來。但並不放鬆看守牛羣的行踪，以及注意其所在。

人亦與此相同，自己的心究竟如何地動，應予看守其行踪，使之不致迷失其行踪方可。

8. 有一次釋尊住在僑賞彌鎮（Kausambi）時，有懷恨釋尊的人收買了鎮上的壞人，說釋尊的壞話。釋尊的弟子們到鎮上托缽却不能得一物，只聽到毀謗之聲而已。

這時阿難對釋尊說：「世尊，我們不必滯留在這個鎮上。我想另有更好的城鎮。」釋尊回答說：「阿難，若下一個城鎮也這樣，那怎麼辦呢？」阿難說：「世尊，再移到別的城鎮好了。」

「阿難，這樣到那裏也總沒完。我想受到毀謗時，一聲不響地忍耐，等到毀謗完了，再移到別處比較好。阿難，佛不為利益、害（衰）、中傷（毀）、譽、稱、譏、苦、樂等世間的八種事（八法）所動。這種事，不久就會過去了。」

第 2 節　善行

1. 求道的人，應常注意淨化身、口、意三種行為。

所謂淨化身的行為，就是不殺生、不偷盜、不邪淫。所謂淨化口的行為，就是不妄語、不惡口、不兩舌、不綺語。所謂淨化意的行為，就是不貪、不瞋、不痴。

若心污濁，則行為就污穢，行為污穢，就不能避免痛苦。所以淨心慎行是修道的要點。

2. 從前，有一位富有的寡婦。她因為人親切、賢淑而謙虛，故是個深得好評的人。她家有一個傭人，是個聰明而能幹的女人。

有一天，女傭人這樣想：
「我家主人是個深得好評的人，到底是真正心地善良的人呢？還是好環境所使然的呢？我得試一試。」

　　於是，翌日，女傭人遲遲不起床，直到將近中午才露面。主人就不高興的責問她：「為何這麼晚才起來？」

　　女傭人回答她：「遲一天、二天，也不必生那麼大的氣。」主人聽了很生氣。

　　女傭人第二天照樣遲起，主人就生氣的拿棍子打她。這件事被大家知道了，於是寡婦失去了已往的聲望。

　　3. 任何人都跟這位女主人一樣。環境順心時，就能親切、謙虛而平靜。但是，環境不順心時，是否尚能保持那樣才是個問題。

　　一個人當不愉快的言語入耳時，或對方顯然對自己表示敵意而迫近時，或衣食住不易獲得時，在這種情形下，是否還能繼續保持平靜的心與善行呢？

　　所以，只在環境都順心時，保持平靜的心、行善，那不能說是真正的好人。只有喜歡佛的教法，如法修鍊身心的人，才能說是平靜而謙虛的好人。

4. 一切言語，都有合時不合時，真實或不真實，軟或粗，有益或無益，慈悲或憎恚等五對。

無論別人用這五對中的任何一種與你說話時，你應努力學習：「我的心不變易。我的口不出惡言。由於同情與憐愍而心生慈悲，不起憤怒與憎恚之心。」

猶如有人拿鋤鍬來欲使大地的土消失，掘起土就把它撒佈而說：「土啊，快消失吧！」也不能使土消失。像這樣，欲將一切言語消滅是不可能的。

所以，應當學到：他人以何種言語說時，亦能修心起慈愍心，使心不變易。

又，猶如欲以顏料，在虛空畫畫，亦不能顯現物的形像，又，猶如以枯草的火炬，不能燒乾大河的水，又，猶如摩擦柔軟的皮，亦不能發出沙沙聲一樣，應把心養成為：他人以任何言語說時，心亦絕不變易。

　　人應把心修養得有如大地般廣大，虛空般地無窮盡，大河般地深邃，鞣皮般地柔軟方可。

　　若被仇人所捕而受折磨，因此而心變易的話，不能說是真正遵守佛陀的教法的人。無論在任何場合，都應當學習：「我的心不動。憎怒之語不出我口。以有同情與哀憐的慈愍心包涵他人。」

　　5. 有人發現了「夜晚冒煙，晝日燃燒的蟻塚」，而把這件事告訴某賢者時，賢者命他：「持劍把塚深深地挖進去。」此人乃依言挖了蟻塚。

　　最初出現了門栓，其次是水泡，再其次是刺叉，然後繼續出現了箱、烏龜、殺牛刀，一片肉等，最後出現了龍。此人把這些事告訴賢者，賢者就教他說：「把那些東西都丟掉。只要留下龍不要動牠。不要妨礙龍。」

　　這是一個譬喻。這裡所謂的「蟻塚」就是指人體。「夜晚冒煙」就是指白天所做的事到夜晚回想而高興或後悔而

言。「晝日燃燒」就是指夜晚所想的事，在白天以身或口付諸實行而言。

「有人」就是指求道的人，「賢者」就是指佛陀。「劍」就是指清淨的智慧，「深深地挖進去」就是要去努力精進的意思。

「門栓」即是無明[*]，「水泡」即是念與惱，「刺叉」即是猶豫與不安，「箱」即是貪、瞋、懈怠、輕浮、悔、迷惑，「龜」即是身與心，「殺牛刀」即是五欲，「一片肉」即是貪求快樂的欲望。這些都將成為傷害身體的毒，所以說「都丟掉」。

最後的「龍」即是除盡煩惱的心。從自身的腳下挖進去，遂可見到龍。挖進去而發現龍，即所謂「只留下龍不要動牠，不要妨礙龍。」

6. 釋尊的弟子賓頭盧（Pindola）悟道以後，為了報恩回到故鄉僑賞彌（Kausumbi），努力準備播種佛種下的田

地。橋賞彌郊外有個小公園，椰子樹成行而綿延不盡，恆河的洋洋水波，不斷地送來涼風。

有一個夏天，賓頭盧避着白晝烈日的曝晒，於樹蔭下涼爽的地方坐禪。剛好這一天，城主優陀延那王（Udyana）也率領王妃們來到公園，王經過一番管絃之遊樂後，因疲倦而於涼爽的樹蔭下小睡片刻。

王妃們利用王在睡覺時，到處徘徊，忽然看到端坐在樹蔭下的賓頭盧。她們被他莊嚴的容貌所感動，而產生求道的心，於是請求賓頭盧為她們說法。然後傾聽他說法。

王睡醒後，看不到妃子們而感到奇怪，乃去尋找，遂看到在樹蔭下被妃子們圍繞的一個出家人*。耽溺於淫樂的王，不顧前後，心中燃起嫉妒之火而罵道：「接近我的妃子們聊天的可惡的東西。」賓頭盧閉着眼，默然不發一語。

狂怒的王拔出劍抵住了賓頭盧的頭，但他仍然一言不發，亦如岩石般不動。

怒氣沖天的王，把蟻塚搗毀，將無數的紅蟻散佈在他的周圍，儘管如此賓頭盧還是端坐着忍耐。

至此，王始為自己的狂暴感到羞恥，乃謝其罪並請求原諒他。從此佛陀的教法進入了王家，而啟開佛陀的教法流傳於該國的開端。

7. 其後經過了數日，優陀延那王拜訪了住在森林裏的賓頭盧，並問其疑問：

「大德，佛陀的弟子們都很年輕，為什麼不迷於欲道，而能保持其清淨之身呢？」

「大王，佛陀教導我們對婦人的想法。即：把年長的婦人視為母親，把年齡相仿的婦人視為妹妹，把年輕的婦人視為女兒。由於這個教導，弟子們雖然年輕，但不沉溺於欲，而保持其身清淨。」

「大德，但是人對於像母親那樣的人，像妹妹那樣的

人，像女兒那樣的人也會起欲念。而佛的弟子們如何來壓抑欲念呢？」

「大王，世尊教我們觀人體充滿着血、膿、汗、脂等種種污穢。由於如此觀察，使我們年輕人亦能保持清淨心。」

「大德，這對於鍛鍊過身體，修鍊過心，琢磨過智慧[*]的佛弟子們來說也許很容易。但是，縱使是佛弟子，對於未成熟的人來說並非容易的事。雖欲視為是污穢之物，却不知不覺被清淨的姿容所吸引，欲視為是醜惡的，不覺竟被美麗的形態所魅惑。佛弟子要保持梵行（清淨的行為），是否還有其他理由呢？」

「大王，佛陀教我們守護五官的門戶。教我們當眼見形色，耳聞聲音，鼻嗅香氣，舌嚐滋味，體觸物時，心不為其美好的外形所惑，亦不為醜陋的姿態焦心，好好地守護五官的門戶。由於這個教導，年輕人也能保持身心的清淨。」

「大德，佛陀的教導真是好極了。依我的經驗亦如此。

若不鎖五官之門而面對事物，則馬上被卑劣的心所執。所以守護五官之門戶，是使我們的行為清淨的極重要之事。」

8. 當人把心裏所想的表現於動作時，常會產生反作用。人若被辱罵，往往想還嘴或報復。所以人人應注意這反作用。這猶如逆風吐唾沫一般，不傷害他人，反而傷害自己。又如逆風掃地，未把塵埃掃除，反而沾污自己。報復的心常追隨着災禍。

9. 捨棄吝嗇心，而廣施於他人，真是件善事。同時，守志敬道，更為好事。

人應捨利己之心而努力於助人，若見他人布施，此人將更使別人幸福，幸福即由此產生。

猶如從一把火炬點燃幾千人的火炬，其火炬依舊不變，幸福不論分給多少，亦不會減少。

修道的人，必須謹慎其每一步。無論志氣多高，也要一

步一步地到達。不要忘記道就是在日常生活之中。

10. 於此世間中，當趨向成佛之道之初，有下列二十件難成之事。

①貧窮布施難	⑪廣博學究難
②驕慢學道難	⑫不輕末學難
③捨命求道難	⑬除滅我慢難
④生值佛世難	⑭得善知識難
⑤聞佛教法難	⑮學道正覺難
⑥忍色離欲難	⑯對境不動難
⑦見好不求難	⑰隨化度人難
⑧有勢不臨難	⑱心行平等難
⑨被辱不瞋難	⑲不說是非難
⑩起事無心難	⑳善解方便難

11. 壞人與好人的特質是各不相同的。壞人的特質是不知有不想停止犯罪，且不願知道有罪。好人的特質是知善惡，若知道是惡，則立刻停止，而感謝令其知惡的人。

如此，好人與壞人在根本上就不相同。

愚痴的人，就是對於他人對自己表示的親切不會去感謝的人。

賢慧的人就是常懷感謝的心，不但對於直接對自己親切的人，而且對於所有的人都抱有同情心，而欲以此表示謝意的人。

第 3 節　佛陀的譬喻

1. 很久以前，有一個名為棄老國的丟棄老人的國家。其國人民，無論誰，年老即被棄於很遠的山野為其國法。

有位事其國王的大臣，雖說是國法，但不忍心丟棄其年

老的父親，乃深掘地作一密室，把年老的父親藏於其中，以盡孝養。

有一天，發生了一件大事。那就是天神出現而對王提出難題說：「這裡有兩條蛇。若能辨別其雌雄則無事。若不能辨別，則要消滅你的國家。」

國王不用說，就是宮中羣臣亦無一人能辨別蛇之雌雄。王遂布告全國：誰知辨別蛇的雌雄方法者有重賞。

該大臣回家，悄悄地去問父觀，父親說：「那是很簡單的事。把那兩條蛇放在柔軟的地毯上。這時，會騷動的就是雄的，不動的就是雌的。」

大臣以其父所教稟報王，果然依此得知蛇的雌雄。

此後天神連續提出難題。王與羣臣都不能回答，那大臣將其問題悄悄地問父親，而常能得解答。

其問答如下：

問：「對於睡者稱之為覺，對於覺者稱之為睡的是誰？」答：「那是指正在修道的人。對於未悟道的睡者（凡夫）而言，其人稱為覺者。對於已悟道的覺者而言，其人稱之為睡者。」

問：「大象的重量如何計量？」答：「把象置於船上，將船沈於水中多少畫線作記號，然後卸下象，把石頭放入船中直到同樣的深度，再量石重即可。」

問：「說一掬水多於大海，是什麼道理？」答：「若人以清淨心汲一掬水施於父母及病人，其功德永遠不消失。大海之水雖多，終有枯盡之時，故謂一掬之水多於大海，就是指此而言。」

天神又派一個骨瘦如柴的餓人來說：
「世間上有沒有比我更苦於飢餓的人呢？」
「有，世間上若有人心頑固而貧乏，不信佛法僧三寶，

不能供養父母師長，其人之心不但極為飢餓，並得其報應，於後世墮餓鬼道，長期受飢苦。」

問：「此有一正方形的栴檀木板。此板的那一邊是根部。」答：「把木板浮於水中，根部那一邊必定會稍為深沈。依此可知那一邊是根部。」

問：「此處有形像相同的母子馬。如何辨別母馬與子馬？」答：「拿草給牠們吃，母馬一定推草給子馬吃，故即可辨別出來。」

對於這些難題的回答皆使天神歡喜，亦使王喜悅。於是王知道這智慧皆出自密藏於地窖中的大臣之老父，從此廢除棄老之令，並命人民對年老的人盡孝養之責。

2. 印度毘提訶國（Videha）的王妃夢見了六牙白象。王妃很想把象牙佔為己有，乃請求王設法取得六牙。寵愛王妃的王，無法拒絕這個無理的請求，於是出告示：若有人知道這樣的象立刻呈報，呈報者有重賞。

此六牙白象乃在喜馬拉雅山的深山裏。此象正為成佛而修行，有一天，牠把一個獵師從危難中解救出來。好不容易才得回國的獵師看到此告示，為賞金所迷惑而忘恩，再跑回山中欲殺六牙白象。

獵師因知此象正為成佛而修行，故為使象安心乃披袈裟變成出家人的模樣。然後入山接近象，看準象放鬆警惕時發射毒箭。

中了毒箭而知死期不遠的象，不但不責備獵師的罪行，反而哀愍其煩惱的過失，又把獵師藏在其四肢之間，欲從想報復的象群中保護他，更問獵師冒此危險的理由，當白象知道獵師係為求取六根象牙，即時自己把牙撞到大樹上予以折斷而送給他。白象發誓說：「以此布施行成就佛道的修行。我當生佛國。若我將來成佛，首先會把你心中的貪、瞋、痴三種毒箭拔去。」

3. 喜馬拉雅山麓有個竹林中，有一隻鸚鵡與很多鳥獸住在一起。有一天，忽然吹起了大風，竹與竹互相磨擦而發

出火。火被風一吹，遂成大火。一幫鳥獸失去逃避之處而鳴叫。鸚鵡一方面為了要報答長久給予住處的竹林之恩，另一方而憐愍許多鳥獸的災難，為了要救鳥獸，乃入附近的池中，把翅膀浸水，飛上天空把水滴灑在烈火上，以報念竹林之恩的心，與無限的悲心，精懃地繼續這工作。

　　其慈悲與獻身的心感動了天界的神[*]。神由天空下降到鸚鵡而前對牠說：「你的心雖值得稱讚，但這麼大的火，如何能以你翅羽所取的水滴熄滅呢？」

　　鸚鵡回答說：「由報恩心與慈悲心所做的事，無不成功的道理。我誓必要做下去。若盡此身做不成，到來生也要一直幹到底。」

　　神被鸚鵡的偉大志氣所感動，乃合力將竹林的火滅了。

　　4. 喜馬拉雅山中有一種鳥叫做共命鳥。身體只有一個，却有兩個頭。

　　有一天，一個頭在吃美味的果實，另一個頭看到便生嫉

妬心想：「那麼我就吃有毒的果實。」就取毒果吃了下去，於是兩個頭都死了。

5. 有一天，一條蛇的頭與尾，互爭欲走在前面。蛇尾就說：「頭啊，你老是在前面，這樣是不對的。有時候也讓我在前面吧！」蛇頭說：「我常在前面是一定的規矩，不能讓你走在前面。」

互相爭執的結果，蛇頭還是走在前面，因此蛇尾就生氣而纏在樹木不許蛇頭前進，並趁着蛇頭鬆弛時，就離開樹木前進，遂掉落火坑被燒爛而死。

事物皆有順序，並具有不同的功用。因表示不平而擾亂其順序，因此而喪失各自被賦予的功能，則一切就會毀滅。

6. 有一個性急而易怒的男人。有一天在他家門前有兩個人在談論他說：「這家的人雖是個很好的人，但有性急與易怒的毛病。」

那個男人聽到這句話馬上就跑出去襲擊那兩個人，拳打腳踢，終於把兩個人打傷了。

賢人若被忠告了自己的過失，即會反省而改過，愚人若被指摘自己的過失，不但不改過，反而重犯過失。

7. 有一個富有的愚人，看到人家的三層樓房高聳而美麗，感到很羨慕，心想自己也是有錢的人，應該蓋一棟高樓大廈。於是，叫木匠來命他建築。木匠答應後，先作基礎，再建二樓，然後再建三樓。主人看到這情形，不耐煩的叫道：「我所要的不是地基，也不是第一層樓，也不是第二層樓，只要第三層樓的高樓。趕快蓋吧！」

愚人不知努力勤勉，只求好結果。但是，猶如不可能有無地基的三樓，豈有不努力勤勉，而可得好結果之理。

8. 有人正在煮蜜時剛好有親友來訪，因此想請他嚐蜜，但仍放在火上而以扇子搧着欲使蜜冷却。與此相同，不熄滅煩惱之火，而欲得清涼的寂靜之蜜，乃終不可得。

9. 有兩個鬼為了一個箱子、一支拐杖、一雙鞋爭奪不休，紛爭竟日亦不能擺平，還繼續爭着。

有一個人看見了便問道：「為什麼要爭吵呢？這些東西有什麼不可思議，讓你們如此爭奪。」

兩個鬼回答說：「從這個箱子可以取出食物，財寶，一切想要的東西。又拿這支拐杖即可擊伏怨敵。穿了這雙鞋能自由自在地在空中飛行。」

這個人聽了之後對鬼說：「沒什麼好爭的。你們兩個暫時離開一下。我來給你們平分好了。」就把兩個鬼趕遠，那個人自己抱着箱子拿拐杖穿好鞋子，向空中飛走了。

鬼就是喻異教的人，箱子就是布施。他們不知從布施能生諸寶。又，拐杖就是心的統一（禪定）。他們不知禪定能降伏煩惱的惡魔。

又，鞋子即指清淨的戒律。他們不知受持清淨的戒律（持戒）能超越所有的爭執。所以，他們為了爭取箱子、拐杖與鞋子而爭執不已。

10 .有一個人出外旅行，某夜，獨自住宿在淒涼的空屋。到了半夜，有一個鬼扛進一個人的死骸放在床上。

不久，從後面追來了一個鬼說：「這是我的東西。」於是發生激烈的爭執。

後來，前鬼就對後鬼說：「這樣跟你爭下去也沒結果。找一個證人來決定其所有權吧。」

後鬼也同意此提議，因此前鬼即把從剛才就縮成一團躲在屋角發抖的旅人拉出來，請他說出誰先扛進來的。

這個人已進退維谷了。不管幫助那一邊的鬼，必定會被另一邊的鬼憎恨而殺死，因此乃決心把自己所見老實說出來。果然，另一邊的鬼勃然大怒，把此人的手臂擰下來。前

鬼見此情景，即時取死骸的手臂補上去。後鬼更加憤怒再拔取手腳、軀幹終於把頭也摘下來。前鬼依次取死體的手、腳、軀幹及頭皆予以補上去。如此兩個鬼即停止爭執，檢起散亂於地的手、腳果腹後，抹抹嘴就走了。

這個人在悽涼的小屋遭遇這樣恐怖的事，雙親賜給他的手、腳、軀幹與頭都被鬼吃掉，現在自己的手、腳、軀幹與頭皆為陌生的死體的。到底我是不是我自己，完全搞不清楚的這個人，於黎明時發狂而離去，在中途發現一座寺廟而踴躍地走入寺廟，將昨夜恐怖的遭遇全部講出來，請教寺裡的人。人人由此故事中感得無我*的真理，而得悟入佛道。

11. 有一人家，有位打扮得很華麗的美人來訪。這一家的主人問道「你是那一位？」那女人回答說：「我是給與人富貴的財神。」主人就很高興的請她進屋裏來，並懇懃的款待她。

緊接其後來了服裝簡陋的醜女人。主人問她是誰時，她回答說：「我是使人貧窮的瘟神。」主人驚恐乃欲把她趕

走。於是，女人告訴主人說：「剛才來的財神是我的姊姊，我們姐妹從未分離過，所以若把我趕走，姐姐也要走。」她走了以後，美麗的財神也消失了。

有生就有死，有幸福就有災禍。有善事則有惡事。人們應知此種道理。愚痴的人，徒厭惡災禍只求幸福，但求道的人，應超越此兩者，不可執着其任何一邊。

12. 從前，有一個窮畫家，把妻子留在家鄉一個人出外作客。經過三年的辛苦，賺了很多錢。於是想回家鄉，而在途中，看到那裏正在舉行供養眾僧的眾僧供養大法會。他大為歡喜，心想：「我未曾種過福種。現在遇到這個福田──種植福種的田地，怎麼能錯過而不作？」於是，毫不吝嗇地把錢全拿出來供養眾僧後回家。

看到丈夫空手回來的妻子，大怒而責問丈夫。丈夫回答說：「我把財富貯藏在堅固的倉庫裏面。」妻子問他：「什麼樣的倉庫？」他說：「是尊貴的教團。」

生氣的妻子告到衙門，畫家受審時，回答說：

「我並非把努力賺來的財物無謂的浪費掉了。我以前不知種植福種而過活，今見種福田的供養機會，心生信心，乃捨吝惜心而布施。因為我知道了真正的財富並非財物，而是心的緣故。」

法官稱讚畫家的精神，很多人聽到他所說的話亦被感動。後來，他的信用提高，畫家夫婦因此而得大財富。

13. 有一個男人住在墓地附近，有一天晚上，聽到從墓地傳來叫自己的聲音，而怕得發抖。天明以後，他把這件事告訴朋友，朋友之中的有男氣者，乃下了決心：若次夜仍有呼喚的聲音，則欲尋其聲查明其來源。

次夜亦一如前夜，屢次有呼喚的聲音。被呼喚的男人害怕得發抖。有勇氣的男人，乃循其聲走入墓地，找到出聲的地方而問道：「你是誰？」

於是，從地下傳出聲音說：「我是隱藏在地下的寶。我

想把我給予我所叫的男人，但他害怕而不敢來。你有勇氣，故適合取得我。明日早晨，我同七個隨從到你家去。」

該男子聽到這些話就問他：「你要來我家那我就等你，不過我要如何款待你們才好呢？」聲音回答說：「我們扮出家人的樣子去，所以你要先把身體洗淨，把房間打掃乾淨，準備清水，把稀飯盛於八器等我們。若我們吃完稀飯，一個個依次引入圍於屋角的房間內，我們就會變作一壺黃金。」

翌日早晨，這個男人就沐浴淨身，清潔房舍等待着。果然有八個出家人來托鉢。他就將他們請進屋裏，供養清水與稀飯。吃完以後即把他們一個一個依次引入圍於屋角的房間。於是八個人都變作八個盛滿黃金的壺。

聽到此事的貪欲的男人，亦欲得黃金的壺，乃同樣地清掃房間，邀請托鉢的八個出家人來供養，吃完以後，把他們關在屋角的房間。但八個出家人豈止未變成黃金壺，竟生氣而亂鬧起來，這個男人終於被控訴而被捕。

　　最初被呼喚名字而害怕的胆小男人，知道呼喚的聲音就是黃金壺，亦起貪欲，硬說那聲音本來是叫我的，所以金壺是我的，於是到有勇氣的男人家，當他正欲取金壺時，壺中有很多蛇仰首吐舌衝向他。

　　其國之王聽到此事，乃裁定黃金壺皆屬於有勇氣的男人所有，且說：「世間任何事亦如此，愚痴的人只希望得到其果報，但並非僅僅那樣就能得到的。正如只是表面持戒，而心中無誠信，則絕不能得到真正的安樂一樣。」

第一章・成佛之道

第二章 ❖ 實踐之道

第 1 節　求道

1. 宇宙的構造如何？宇宙是永恆的？或是不久就會消滅的？宇宙是無限廣大的？或是有限的？社會的構造如何？社會的何種形態是理想的形態？若說在這些問題未確定之前不能修道，則誰也未修得道即死亡已來臨。

設若有人被毒箭射傷，親戚朋友便集聚而急欲請醫生拔箭治療毒傷解其痛苦。

然而，這時若此人說：「等一下再拔箭。我要知道誰射此箭。是男？是女？是何出身？又，弓是什麼樣的？大弓或小弓？木弓或竹弓？弦是什麼樣的？蔓藤或牛筋？箭是藤或葦？箭羽是什麼？在這些尚未完全明白以前，不可拔箭。」那麼，結果會怎麼樣呢？

　不用說，在這些問題還沒弄明白之前，一定毒已蔓延全身而死亡。這時，首先應做的是，先拔箭予以治療使毒不致蔓延全身。

　不管宇宙的構造如何，社會的何種形態為理想或不理想，必須逃避迫近於身的火。

　無論宇宙是否永恆，是否有限，生、老、病、死、愁、悲、苦、惱之火，現已逼近人的身上。人為了要排除此逼近於身的苦，應先修道。

　*佛陀的教法，是可說者則說，不可說者則不說。即教人知所應知，斷所應斷、修所應修、悟所應悟。

　所以，人應先選擇問題。應知對自己而言，什麼是第一個問題，什麼最逼近於身，然後從調伏自心開始。

　2. 又，為求樹芯而入林的人，取得樹枝或樹葉而以為得到芯，實在很愚癡。人往往是以求樹芯為目的，却得到樹

的外皮與內皮，或樹肉而以為得到樹芯。

　　人希望遠離迫近於身上的生、老、病、死、愁、悲、苦、惱而求道，這就是樹芯。可是，因修道而得少許尊敬與名譽，就滿足而心生驕慢，稱讚自己毀謗他人，這好像是僅得枝葉却以為已得樹芯一般。

　　又，有人為自己的心獲得幾許平靜與安定，就感到滿足與驕慢，稱讚自己毀謗他人，這好像是得到樹的內皮而以為得到樹芯一般。

　　又，有人為自己得到少許努力的成果而起慢心，以為得到所希望的東西而滿足，心驕慢，稱讚自己毀謗他人，這好像是得樹的外皮而以為得到樹芯一般。

　　又，有人稍得明見事物之力，即眼花繚亂而心驕慢，稱讚自己毀謗他人，這好像是得到樹肉而以為得到樹芯一般。這些人皆將放逸懈怠，以致再招痛苦。

對於求道者而言受尊敬、名譽與供養並非其目的。微小的努力，幾許心的安定，以及些微的觀察力亦非其目的。

首先，吾人應留心世間生與死的根本性質。

3. 世界本身無實體。應獲得消滅分別心之道。要知並非外形有迷惑，而是內心會生迷惑。

以貪欲為根本，被欲火焚燒而苦惱，以無明[*]為根本，被迷闇所包圍而愁悲。瞭解造此迷惑之家者除心之外無他而求道的人，必須與此心戰鬥而前進方可。

4. 我的心呀，你為什麼走進無益的境地，而毫無沉着，坐立不安而不鎮定？

為什麼使我迷惑，讓我徒然地收集東西。

猶如想耕地，但鋤頭尚未觸大地就已損壞而不能耕地，因沉淪於生命的迷海，故雖捨棄了無數生命，亦未能耕耘心的大地。

　　心啊！你曾使我生為王者。亦曾使我生為貧者，而到處乞食流浪。

　　有時使我生於諸神之國土，沉醉於榮華之夢，但亦曾用地獄之火焚燒我。

　　愚痴的心啊！你引導我走種種路。我迄今常順從你而不曾背叛你。但是，現在我已成為聽佛陀教法的人。請不要再煩惱我，不要再妨礙我了吧。請努力使我能遠離種種苦，而速得正覺吧！

　　心啊！若你了知一切萬物皆無實體會變遷，而不執着，不以為什麼都是我所有，遠離貪、瞋、痴，則能得安穩。

　　若以智慧之劍斬斷愛欲之蔓[*]，且不被利害與得失，稱讚與毀謗所煩惱，則能得安樂的日子。

　　心啊！你曾引導我起求道之念。但是現在，為何又再被世間的利欲與榮華牽引、旋轉呢？

　　無形而多遠也奔跑的心啊。請讓我渡過這難於超越的迷海，至今我一直都隨你之意行動。

　　然而，從今以後，你必須要按照我的意思行動。我們共同遵從佛陀的教法吧。

　　心啊！山川海洋一切皆在變易，充滿着災禍。此世間何處能求得安樂呢？讓我們遵從教法，迅速地渡到涅槃的彼岸去吧！

　　5. 如此與心戰鬥而真正求道的人，常持着堅強的覺悟向前邁進，故遇到嘲笑毀謗的人亦不因此而動心。若有人以拳打，以石擲，或以刀劍斬殺，亦不因此而起瞋心。

　　即使被賊以兩刃鋸把頭與軀幹鋸開，亦不可心亂。若因此而心變陰暗，乃為不遵守佛陀的教法者。

　　嘲笑也來吧，毀謗、拳打、杖與劍之亂打也都來吧！我的心不會因此而亂。並且堅決地覺悟：由此，心中反而更充滿佛陀的教法。

為了成佛，乃應成所難成，忍所難忍，施所難施。

有人說，若是日食一粒米，投入燃燒的烈火中，必可得正覺，則我會毫不推辭地照樣去做。

然而，雖施捨亦不起已施捨之念，做事亦不起已做之念。只因為那是賢明的事，正確的事，所以才去做。這與母親拿一件衣服給予愛子，而不起給與之心，不起養護病兒之念相同。

6. 很久以前，有一位國王，這位國王有智慧也很慈悲，勤政愛民，把國家治理得富強安樂。又國王熱心求道，經常準備財寶，而布告全國：無論任何人，能指示我尊貴的教法者，當施予此財寶。

王的這種求道的誠心，雖震動了神的世界，但神為了試探王的心，乃變成鬼，站在王宮門前說：
「我知道尊貴的教法。請傳達給王。」

　　王聽到了非常高興，立刻恭迎到內殿，並請求聽聞教法。於是鬼就露出如刀刃般的撩牙說：「現在我非常餓，這樣無法說教。」「那麼給你送食物來吧！」國王這樣說時，鬼就說：「我的食物必須是熱的人血與人肉才可以。」這時，太子說自願捨命餵鬼，王妃也表示願意做鬼的餌食。鬼雖吃了兩個人，但還不能填飽肚子，而更要求要吃國王。

　　這時國王靜靜地說：

　　「我不惜生命。只是無此身則不能聽聞教法，故當你說完教法時我就把此身給你。」

　　這時鬼就說：

　　「因愛欲生憂愁，因愛欲生恐怖。遠離愛欲的人沒有憂愁，又有何恐怖。」說完即刻恢復神的形象。同時，本應已死的太子、夫人也恢復原來的模樣。

　　7. 從前，喜馬拉雅山有一位求法的行者。唯求遠離迷惑的教法，其他毫無所求，滿地財寶不用說，甚至天界的榮華亦非其所望。

　　神為此行者的行為所感動，乃欲試其誠心而變成鬼現於喜馬拉雅山，並唱道：「萬物皆無常，有生必有滅。」

　　行者聽到歌聲，有如口渴的人得到清水，又如囚犯忽得釋放般地歡喜，心想這才是真正的道理，真正的教法。於是環顧四周，想看看誰唱了這首詩，這時他看見了可怕的鬼，他雖心中生疑，但仍走到鬼面前問道：
　　「剛才的歌是你唱的嗎？若是，請你繼續唱給我聽。」

　　鬼回答說：
　　「是的，那是我唱的。但是我現在肚子很餓，若不吃些東西實在不能唱。」

　　行者求他道：
　　「請不要那樣說，請繼續唱給我聽。那首歌有很寶貴的意義，有我所要求的道理。但祇那樣話還沒說完。請你把剩餘的歌教我。」

鬼就說：

「我現在餓得不能忍耐了。若能吃人的暖肉，飲人的熱血，則當為你說完那首歌。」

行者聽了這話便答應他：若能聽到剩餘的歌，那麼聽完之後就把自己的身體給他吃。

於是，鬼就把剩餘的歌唱了。那就是：

「萬物皆無常，有生必有滅，不執着生滅，寂靜安樂生。」（諸行無常，是生滅法，生滅滅已，寂滅為樂。）

行者把此歌刻在樹上或石上，然後爬到樹上躍身跳下在鬼的面前。這一瞬間，鬼還復神的形象，行者的身體安然被接取在神的手裏。

8. 從前有一位常啼（Sadaprorudita）菩薩求道時，不惜身命，不徇名譽，不為利欲所誘，而一心一意求真實的菩提。有一天，忽然聽到有空中聲教誨說：

「常啼，你可東行。行時不可左右顧視，忘記寒暑，莫顧世間之毀譽，莫執善惡之分別，一直東行，必可得真實的決師，而得菩提。」

常啼菩薩大為歡喜，乃遵照空中聲之指示，一直往東行求道。野宿山眠，又忍受異國旅行時之迫害與屈辱，有時賣身替人做事，削骨般辛苦地得到三餐，好容易才到達真實的法師處，而請求說法。

俗語說好事多磨，想做善事必定會遇到障礙，常啼菩薩求道之旅行中，亦出現了幾次障礙。

他想得到供養法師香華的錢，因此欲賣身為奴以求得工資，却無人僱用。他所到之處，到處都伸長着惡魔妨礙之手。成佛之道真是枯血削骨的苦難之旅。

他受法師的教誡，欲將其教誡記錄下來，却無法得到紙墨。他乃以刀刺腕，而用流出的血記錄法師的話。如此他終於得到成佛的法要。

9. 從前有一個善財（Sudhana）童子，他也是一位一心一意求道，而希望得道的人。於是訪問在海上捕魚的漁夫，聽到他從大海種種不可思議所得的教法。又從診病的醫師學到對人要有慈悲心。又遇到擁有許多財產的長者，而學到萬物皆各具有其價值之理。

又訪問坐禪的出家人[*]，而見其寂靜心顯現於形象，能令眾生清淨，且給予不可思議之力。又遇見高雅的婦人，而被她服務犧牲的精神所感動；遇見粉身碎骨求道的行者，乃得知為求真實之道，縱使登刀山，赴湯火亦應勇猛前進。

如是，善財童子了知只要有道心（菩提心），則眼所見，耳所聞，皆為寶貴的教法。

他見到軟弱的女人也有菩提心，在街上遊玩的孩童羣中也有真實的世界，而遇見柔順、親切的人，則領悟到隨順心的明確智慧。

焚香之道也有佛陀的教法，華飾之道也有成佛之言。

　　有一天，在林中休息時，他看到由朽木長出一棵幼樹而學到生命之無常。[*]

　　白天太陽的光輝，夜晚星星的閃亮，這些都成為法雨滋潤了善財童子求道的心。

　　善財童子到處問道，到處聞法，到處發現成佛之道。

　　誠然，欲求得正覺，應堅守心城，莊嚴心城。而且必須虔誠地開啟心的城門，在心的深處供奉佛，供養信心之華，奉獻歡喜之香，善財童子學到這些道理。

第 2 節　道的種類

1. 學佛者必須學習三件事。

　　就是戒、定（心的統一）、慧三學。

　　何謂「戒」？所謂戒就是保持做人或修道者必須遵守的戒，統制身心，堅守五種感覺器官的入口，小罪亦見其可畏

而不犯，行善而精進努力。

何謂「定」（心的統一）？所謂定就是遠離愛欲與不善，而逐漸趨入心的安定之意。

何謂「慧」？所謂慧就是了解四種真理。即明白地覺悟：這就是苦、這就是苦的原因（集）、這就是苦的消滅（滅）、這就是滅苦的方法（道）。

學習此三學者被稱為*佛弟子。

猶如驢子既無牛的外形，亦無其聲與角，却跟隨牛羣之後而行，而說：我也是牛。這誰也不相信一樣，不學戒定慧三學，而說我是求道者、是佛弟子，乃是愚昧的。

猶如農夫為了秋天的收穫，先於春天耕田、播種、灌水、除草加以栽培，求道的人必須學習三學。農夫播種以後希望今天就發芽，明天就出穗，後天就能收穫，這是絕對不可能的。同樣地，求道的人，亦不能獲得今天就遠離煩惱，

明天就破除執着，後天就得道這樣的不可思議。

種子播種之後，經過農夫的辛苦栽培與季節的變化而發芽，好容易最後才果實成熟。欲得道亦如此，在修習戒定慧三學之中逐漸消滅煩惱，捨離執着，好容易才能隨其時節，而得解脫。

2. 渴望世間的榮華，為愛欲而亂心，却想入成佛之道是很困難的。樂世與樂道乃自有差別。

已如前述，萬事以心為本。若心樂於世間事，則生迷惑與苦惱，若心好道，則生清淨道與安樂。

因此，求道者，應清淨身心，遵守教法，嚴持戒律。持戒即能得定（心的統一），得定則智慧自然明晰，而此智慧才能引導人至涅槃。

此三學確實是成佛之道。因眾生不學三學，故久遠以來累積了迷惑。因此必須進入成佛之道，而與人無爭，靜靜思

惟以淨心，期能速成佛。

3. 此三學可展開為八正道，亦可解說為四念住，四正勤、五力、六波羅蜜。

「八正道」就是正見、正思、正語、正業、正命、正精進、正念以及正定。

「正見」就是明瞭四種真理（四諦），相信因果的道理，而無錯誤的見解。

「正思」就是正確的想法，即：不沈溺於愛欲、不貪、不瞋、不害之謂。

「正語」就是正確的言語，即：遠離妄語、綺語、惡口、兩舌之謂。

「正業」就是正正當當的行為，即：不殺生、不偷盜、不邪淫。

「正命」就是正正當當的生活，即：應避免做人感羞恥的生活。

「正精」進就是正確的努力，即：對於正確的事不懈怠

而努力去做。

「正念」就是正確的記憶，即：無論做任何事，都使意識清晰而正確地銘記在心。

「正定」就是正確的心之統一，即：不持錯誤的目的，且為了使智慧明晰，乃把心鎮靜並予以統一。

4. 所謂「四念住」就是下列四種：

一、觀身不淨：觀察自己的身體是污穢不乾淨的，故不可執着。

二、觀受是苦：觀察任何感受都是一切痛苦的根本。

三、觀心無常：觀察我們的心不常住，乃不斷地在變遷、以及生滅。

四、觀法無我：觀察一切萬物（諸法）皆由原因（因）與條件（緣）而成立的，所以沒有一個能永久常住而不滅。

5. 所謂「四正勤」就是要將下列四種努力去實行：

一、未生惡令不生：對於尚未生起的惡，應預先防止使之不生。

二、已生惡令永斷：已經生起的惡，應永遠予以斷除，令其不再生。

三、未生善令得生：尚未生起的善，應盡量去促使它生起。

四、已生善令增長：已經生起的善，應努力去培育令其增長而不退失。

6. 所謂「五力」就是下列五種：

一、信力：信佛及教法而不信邪教。

二、精進力：努力於修善廢惡。

三、念力：保持正確的思想、去除邪念。

四、定力：統一精神、不胡思亂想。

五、慧力：磨鍊智慧、覺悟四聖諦。

此五種為獲得菩提的力量。

7. 所謂「六波羅蜜」就是指布施、持戒、忍辱、精進、禪定、智慧等六種而言，修習此六種波羅蜜，即能從迷惑的此岸渡到涅槃的彼岸，故亦稱為「六度」。

布施能捨慳貪的心，持戒能使行為端正，忍辱可治易怒之心，精進能消除懈怠懶惰之心，禪定能使易散漫的心鎮靜統一，智慧能使愚昧的心明朗清晰。

布施與持戒，有如築城時的基礎一般，成為修行的基礎，忍辱與精進似城牆般地防禦外難，禪定與智慧是保護身體以逃脫生死的武器，這猶如身披甲冑臨敵。

見乞求者而施與雖為布施，但並非最高的布施。自動慷慨地施與他人才是最高的布施。又，偶爾布施亦非最高的布施。要經常布施方為最高的布施。

布施之後後悔，或布施而感覺驕傲，並非最高的布施。布施而歡喜，並將施者、受施者與施物三者都忘記，才是最

高的布施。

正確的布施，必須是不希望回報，而以清淨的慈悲心，希望他人與自己共得成佛道的布施。

世上有所謂「無財七施」者，即是無財之人亦能做的七種布施：（一）身施，即是以身體所做的奉獻、服務，其最高者為次項所述之捨身行。（二）心施，即是對他人、眾生的慈悲心、同情心。（三）眼施，即是溫柔親切的眼光，這能使在場所有的人之心平和舒適。（四）和顏施，即是常以柔和愉悅的笑顏對人。（五）言施，即是對人說充滿體貼而溫暖的言語。（六）牀座施，即是將自己的座位讓給別人。（七）房舍施，即是讓他人在自己的家借宿一夜——以上七施是任何人都能做到的，也是在日常生活中就能做的事。

8. 從前，有一位太子名為薩埵太子。有一天，與其兩個哥哥在森林中遊玩，看到剛生下七隻虎子的母虎，被飢餓所迫而想吃自己的虎子。

兩個哥哥害怕而逃走，但薩埵太子想捨身救餓虎，乃爬

上絕壁投身餵虎，以充母虎之飢，而救虎子之命。

　　薩埵太子的心，只是一心求道而已。

　　「此身易碎亦易變。過去我不知布施，只知愛護自己的身體，現在布施此身，而為成佛奉獻吧！」

　　由於這個決心，太子乃將其身施與餓虎。

　　9. 求道者，尚必須修習──「慈、悲、喜、捨」四種無量心。

　　給予眾生幸福與快樂就是大慈。消除眾生的痛苦與悲傷就是大悲。以歡喜心對待眾生就是大喜，對於一切萬物平等無差別就是大捨。

　　修慈能斷除貪心，修悲能斷除瞋心，喜能斷除苦，捨能對恩與恨無差別。

　　如是，培育慈悲喜捨四無量心，以破除貪、瞋、苦以及怨憎，但惡心難去如家狗，善心易失如林中奔走的野鹿。

又，惡心猶如刻在岩打上的文字難消失，善心如畫於水的文字迅速消滅。所以修道可說是非常艱難的事。

10.世尊的弟子輸屢那（Srona）出生於富豪之家，生來身體屬弱。遇到世尊而成為其弟子，爾後精進修道，甚至腳底出血還繼續努力修道，但却不能得證果。

世尊憐愍輸屢那而對他說：

「輸屢那，你在家時，曾學過琴吧。絃拉得太緊或太弛緩，都不能發出美妙的音色。緩急適宜，始能發出妙音。成佛之道亦與此相同，懈怠固然不能得道，但過於緊張努力，亦絕不能得道。故人對於其努力，亦應考慮其程度問題。」

受此教誡，輸屢那領會個中道理，不久即開悟了。

11. 從前，有一個五武器太子，因為他能巧妙地使用五種武器故得此名。當他修學完畢回鄉的途中，在荒野之中遇到名為脂毛的怪物。

　　脂毛慢慢地走過來迫近太子身旁。太子先用弓箭射牠，箭雖射中了脂毛但却粘在毛上而不能傷害牠。於是太子相繼使用劍、鉾、槍、木棍打牠，可是都被牠的毛吸住而毫無用處。失去所有武器的太子，乃舉拳打、用腳踢脂毛，拳腳亦都被毛吸住，太子的身體就附着於脂毛身上，而吊在半空中。他再用頭撞脂毛的胸膛，頭也附着於胸毛而不能離開。

　　脂毛說：「你已經落在我的手中，我就要把你吃掉。」太子笑着回答他：「你也許認為我已用盡了武器，但我還剩下金剛的武器。若你把我吞下去，我的武器會從你的腹中把你刺破。」

　　脂毛被太子的勇氣所挫，乃問他：
　　「你為什麼能做那樣的事？」
　　太子回答說：「依真理的力量。」
　　於是，脂毛聞言放了太子，反而受太子的教誡，從此遠離惡事。

　　12. 無慚於己，亦無愧於人，則破壞世間的秩序，慚於

己，亦愧於人則保護世間的秩序。有慚愧心則能生恭敬父母、師長、長輩的心，亦能保持兄弟姊妹的長幼秩序。能自己反省，自覺羞恥，見人而自慚形穢，誠可謂難能可貴。

若生懺悔的心，則罪已不成為罪，若無懺悔的心，則罪永遠成為罪而責備其人。

聽聞正法，經常思念其味，且予以修習，則能學得教法。若不思惟不修習，即使耳聆教法亦不能得道。

信、慚、愧、努力（精進）及智慧，是此世間很大的力量。其中以智慧力為主，其他四種則為與其結合的從力。

修道的人，被雜事所羈，耽於雜談，貪着睡眠，將是退步的原因。

13. 同樣的修道，有先得道者，亦有後得道者。所以看到別人得道，亦無庸為自己尚未得道而悲傷。

　　如學射箭時，在剛開始學的時候命中的次數較少，不過繼續學習則終會命中。又如河流，源源而流，終究會流入大海。若修道而無有休止，必能得道開悟。

　　如前所說，若睜開眼睛，則到處都有教法。同樣的，成佛的機緣，到處可見。

　　有人於焚香而香氣洋溢時，知其香氣非有、非無、非去、非來而悟道。

　　又有人走路時刺傷了腳，由疼痛中得知：其所以感覺疼痛，並非本來有固定的心，而是依緣而變成種種心，且同樣一顆心，若擾亂則成為醜陋的煩惱，若治理則成為完美的菩提，因此而成道。

　　亦有欲望旺盛的人，思惟自己的欲心，了知欲之薪總會變成智慧之火，而終於得道的例子。

　　「令心平靜。若心平靜，則世界大地亦皆悉平靜。」有

人聽此教誠，而想世間的差別係由心的看法不同而來，因此
證道。誠然，成佛的機緣是無限的。

第 3 節　信仰之道

1. 歸依佛、法、教團（僧伽）的人稱為佛教徒。佛教
徒具有下面述說的戒、信、布施與智慧。

不殺生。不偷盜、不邪淫、不妄語、不飲酒，遵守此五
種就是信徒的戒。

相信佛的智慧就是信徒的信，而遠離貪欲、吝惜之心，
常好施與他人就是信徒的布施。知道因緣的道理，知道萬物
皆會變易的道理，就是信徒的智慧。

猶如傾向東的樹，何時倒下去都一定倒向東方，平生傾
聽佛法的信仰者，不管何時，如何命終，亦一定往生佛國。

2. 所謂佛教的信徒，是指信佛、法、教團的人而言。

佛就是開悟而施惠、拯救眾生的人。法就是佛所說的教法。教團就是遵照其教法正確修行的和合團體。

佛、法、教團（僧伽）三者，雖為三種但並非分離的三種。佛出現於法中，法由教團實現，故三者乃是一體的。

所以信法與教團，亦即是信佛，若信佛則自然就信法與教團。

因此，一切眾生，只由念佛一種即可得救，亦可得菩提。佛愛一切眾生如其獨子故，若眾生亦如子思念慈母般地念佛，即能真實地見佛，得佛之拯救。

念佛的人，常被佛的光明照耀，又自然地被佛的香氣（功德）薰染。

3. 在此世間沒有比信佛更能帶給人大利益的，若聞佛名號，縱使僅是一次信心歡喜，則可說已得無上大利益。

　　所以，設使必須進入充滿於此世界之火炎中，亦要聽聞佛法而歡喜信樂受持。

　　見佛實在很難，遇說佛法的人亦難，信佛法更難。

　　現在，我們遇到難遇的說法之人，得聞難聞的佛法，故為了不致失去此大利益，我們應當歡喜信佛。

　　4. 信誠是人的好侶伴，是此世間旅途的糧食，是無上的財富。

　　信是受佛的教法，而接受一切功德的清淨手。
　　信是火。因為能將眾生心中的污染燒淨，而令人同道，更使欲進入佛道之眾生精進之故。

　　信能令人心豐裕，消滅貪念，去除驕慢心，教人恭敬謙虛。信使人的智慧發出光芒，行為光明，並給予不怕困難，不執外界，不被誘惑的堅強力量。

信能於修道厭倦時給予鼓勵，而引導至悟境。

信與人常在佛前之念，與人被佛擁抱之念，且令人身心柔軟而給與善於親近人的功德。

5. 有此信的人，耳所聞的任何聲音，皆認為是佛的教法，而得愛樂智慧，了知一切皆因緣所現，而得順智慧。

信能使人理解在此虛妄不實的世間亦有永久不變的真理，而可得對榮枯盛衰之變化亦不驚不悲的智慧。

信會現出懺悔、隨喜與祈願等三種形態。

深自反省，自覺自己的罪與污垢，而慚愧懺悔。見他人的善事就像自己的事一樣地隨喜而產生，為此人祈求功德之心。同時亦希望常與佛同在，與佛同行，與佛同住。

此信心就是誠心，就是深心，就是喜歡依佛力被接引到佛國的心。

所以聽到十方世界都在稱讚佛之名號時，就有信心歡喜之一念之處，不再迷惑之身佛才真心給予力量，把此人引至佛國，使他成為不再迷惑之身。

6. 信佛之心，是存在於眾生心底的佛性[*]的表現。這怎麼說呢？因為知佛者為佛，故信佛者亦應為佛之緣故。

但是，縱使有佛性，佛性[*]乃深沉於煩惱泥沼之底，不能萌出成佛之芽，而開出花朵來。在貪、瞋、痴、煩惱的旋渦中，怎能產生信佛的清淨心呢？

在伊蘭（Eranda篦麻）毒樹林，只萌出伊蘭之芽，而不會生長梅檀（Candana）香木。若在伊蘭樹林中長出稱擅香木，那真是不可思議的事。

如今在眾生之心生起向佛、信佛之心，亦可謂同樣是不可思議的事。

所以，眾生信佛的信心稱為無根信。所謂無根就是說在

眾生心中雖無生信之根，但在佛的慈悲心中有信根之意。

7. 信雖如次尊貴，誠是道元功德母，然而，其所以求道的人亦不能圓滿獲得信，是因為有下列五種疑惑妨礙之故。即：

（一）疑佛的智慧。

（二）迷惑教法的道理。

（三）疑說法的人。

（四）於求道的路上常生迷惑。

（五）對於同樣求道的人，由於驕慢心而疑對方，因而有焦躁之念所致。

誠然世間沒有比疑惑更恐怖的。疑是分隔心，是離間之毒，是損傷相互生命的刀刃，是使彼此的心痛苦的棘。

所以獲得信的人，應該知道這個信在久遠以前，由於佛的慈悲，而早已種植了其因緣。

亦應該知道有一雙突破潛在人心中的疑惑之黑闇，而予以照入信光的佛手。

得信而為久遠以前佛所賜予的甚深因緣而歡喜，為佛深厚的慈悲心而歡喜者，即能以此世的生活，生於佛國。

人生難得，佛法難聞，能信更難。所以應當努力精進聽聞佛法。

第 4 節　佛陀的言教

1. 如果人認為他人罵我、嘲笑我、打我，則怨恨不能息滅。

怨恨不能以怨恨止息。要忘掉怨恨，始可止息。

屋頂簀蓋粗陋的房屋，雨會浸漏，未經修養的心，貪欲會入侵。

懈怠是死路，努力精進是生路。愚人懈怠，有智慧的人[*]常努力精進。

如作弓箭的人，削箭矯正，賢人自正其心。

心難抑制，輕躁難調御。調御此心，始能得安樂。

比之抱怨的人所做，較之仇敵所做之惡，此心對人做的惡事為害更大。

從貪欲、瞋恚，以及所有惡事守護心的人，能得真正的安樂。

2. 善於言辭，而不付諸實行，如色美而不香的花。

花香不能逆風吹薰。而善人的香，能逆風吹薰世間。

不眠的人夜長，疲倦的人路長。

不知正確教法的人，其迷惑長。

旅行，應與自己相等的人，或勝過自己的人同行。若與愚人為伴，不如獨行為勝。

猛獸可不畏，惡友不可不畏。因猛獸只破身，而惡友則會破心。

愚人認為：「這是我的兒子，這是我的財寶」而苦惱。我且不屬我，怎麼兒子與財寶會是我的呢？

愚人自知愚昧，勝過愚人而自思是賢者。

愚人親近賢者如匙不知羹味，不知賢者所示的真理。

如新鮮牛乳不容易凝固，惡行亦不即刻顯示其報應，但將如覆灰的火，隱隱燃燒而跟隨其人。

愚人常為名譽與利益苦惱。欲得晉昇、欲得權利、欲得

利益，常為此種欲而苦惱。

對於指示過失、譴責惡行，指責缺點的人，應如告知寶藏的人般地敬仰侍奉。

3. 喜歡真理的人，心澄清，得以安眠。因心被真理洗淨之故。

如木工調直木，弓師矯正箭直，造溝者疏導水，賢人調馭心。如堅固的岩石不為風所動搖，賢人被毀謗或稱讚都不動心。

戰勝自己，比在戰場上戰勝千萬敵人的勝利更為殊勝。

不知正確的教法，而活百年，不如聽聞正確的教法，而活一日。

任何人如真愛惜自己，應從惡中善保護自己。在年輕時、壯年時、或年老後，應有一次覺醒。

　　世間常在燃燒，燃燒着貪、瞋、痴的火。應速從此火宅中逃出來。

　　此世間真如水泡，如蜘蛛絲，如污穢的瓶。所以人應保護各自的尊貴心。

　　4. 不作一切罪惡，行一切善事，各自清淨其心，這就是佛陀的教誡。

　　忍辱是難行的修行之一種。但只有善忍辱者能得最後勝利之花的莊嚴。

　　應在怨恨中而無怨恨，在苦惱中而無苦惱，在貪欲中而無貪欲，不作有一物是我所有想，而清淨地生活。

　　無病是第一利，知足是第一富，信賴是第一親，涅槃是第一樂。

　　遠離罪惡的味，寂靜的味，法喜的味，嘗到這種味的

人，並無恐怖。

不可心生好惡而執着。從愛好、厭惡生憂愁，生恐怖，生束縛。

5. 如鐵銹生自鐵而腐蝕鐵，惡出自人而侵蝕人。

有經典而不讀誦則為經典的垢穢，有家破損而不修繕則為家屋的垢穢，有身體而懈怠則為身體的垢穢。

行為不正當為人的垢穢，慳吝為施者的垢穢，罪惡的行為為今世與後世的垢穢。

但比這些垢穢更厲害的垢穢是無明[*]的垢穢。若不把此垢穢除去，不能成為清淨的人。

無羞恥心，如烏鴉厚顏無恥，傷害他人而不反省，這種人的生活是容易的。

　有謙遜心，知尊敬，離執着，行為清淨，智慧明晰的人的生活是困難的。

　他人的過失易見，自己的過失難見。散布他人的過失乃如風般吹散四方，隱伏自己的過失，則如賭徒隱匿其骰子。

　虛空沒有鳥、煙與暴風的痕跡，邪教（外道）沒有正覺，一切萬物都沒有永遠存在的，而覺者沒有動搖。

　6. 譬如守城，內外都要堅固的防守，守護自己亦應如此。為此，一刻亦不可疏忽。

　自己是自己的主人，自己是自己的依怙。因此，首先要抑制自己。抑制自己，不多言而靜靜地思考，是斷除一切束縛之始。

　太陽在白日輝耀，月亮在夜晚照明。武士武裝而光耀，求道的人，靜慮而生輝。

不守護眼、耳、鼻、舌、身等五官的門戶，而被外界迷惑的人，不是修道的人。堅守五官門戶，心安靜的人，才是修道的人。

7. 若有執着，為其所醉，則不能正見事相。離執着，則能正知事相。因此，遠離執着的心，反而能獲得事相。

有悲則有喜，有喜則有悲，超越悲喜，超越善惡，則無束縛。

渴望未來而自尋煩惱，追憶過去而後悔，則如割下的蘆葦般將枯萎。

不後悔過去，不渴望未來，不自尋苦惱，把握現在腳踏實地則身心健康。

不可追求過去，不可等待未來。唯把握現在的一瞬，堅強地生活。

今日應做的事不延至明日，而確實完成，才是過好一日之道。

信是人的好伴侶，智慧是人的好嚮導，應求菩提之光，而避免痛苦的黑闇。

信是最上的財富，誠是最上的滋味，積功德是此世間最上的生活。遵照教法之指示修身心，以得安穩吧。

信是此世間旅程的食糧，功德是人們寶貴的住家，智慧是此世間的光明，正思是夜晚的守衛。無污穢的人的生活是不滅的，戰勝欲望才能稱為自由人。

應當為家忘身，為村忘家，為國忘村，為成佛忘一切。

萬物皆無常，有生必有滅，不執着生滅，寂靜安樂生。（諸行無常，是生滅法，生滅滅已，寂滅為樂。）

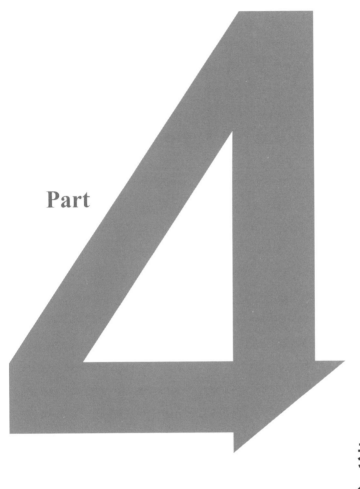

Part

4

教徒

第一章 ❖ 教徒的生活

第 1 節　出家生活

1. 想做我的弟子的人應當捨棄家，捨棄世間，捨棄財物。為法把一切捨棄的人是我的繼承者，稱為出家人。[*]

縱使執我衣服的下擺跟隨在我的後面，踏着我的足跡，但若為貪欲而心亂，則其人離我很遠。雖形象為出家人，但他未見教法。不見教法的人是因為不見我的緣故。

縱使離我幾千里遠，心正寂靜，遠離貪欲，則他就在我的身旁。因為他已見教法。見教法的人即是見我之故。

2. 出家弟子必須以下列四個條件為生活的基礎。即：
一、應穿舊布片縫成的衣服（納衣、糞掃衣）。二、托鉢乞食。三、住在樹下或石上。四、用腐尿藥。

　　雖然手持盛食物之容器挨戶乞食，是乞丐的行為，但這並不是因為被他人威脅，亦非被他人誘惑欺騙之故。只因相信在此能學到避免世間一切痛苦與遠離迷惑之道，所以才出家的。

　　既然這樣出家，而不離貪欲，被瞋恚亂心，不能守五官，那真是太沒志氣了。

　　3. 必信自己為出家人，被人訊問亦回答我是出家人的人，能說如下的話：

　　「我必定遵守出家人應做的事。以此出家人的真誠，令布施我的人得大福，同時，完成我本身出家的目的。」

　　那麼，出家人應做的事是什麼？那就是：具備慚與愧；清淨身、口、意三種行為與生活；守護五官的門戶，令心不被享樂所迷。又不稱讚自己毀謗他人，不懈怠，不耽睡眠。

　　傍晚時靜坐或經行，夜晚時右脅為下側臥，兩足重疊，

熟思起床後想作的事而靜靜安眠，黎明時又要靜坐或經行。

又行住坐臥，應常保持正心。應選擇安靜處結跏趺坐，正身正心，遠離貪欲，瞋恚，愚痴，睡眠，浮躁心，悔恨，疑惑，以淨其心。

這樣統一心，得殊勝的*智慧，斷除煩惱*，趣向涅槃。

4. 若為出家人，而不捨貪欲，不離瞋恚，不止息隱覆怨、嫉妒、驕傲、欺誑等過失，則猶如把雙刃劍包藏在僧衣裏面。

並不是穿僧衣就是出家人，不是托鉢就是出家人，不是誦經就是出家人，那只是外形是出家人，只是那樣而已。

外形整齊，亦不能消滅煩惱。給嬰兒穿上僧衣也不能叫他為出家人。

若非正確地統一其心，明確其智慧，消滅了煩惱，走出

家人本來的道路——一心趣向菩提的人，不能稱為真正的出家人。

「縱然血涸骨碎，也要更加努力到達所應到之處」若下此決心，而精進努力，終能完成出家的目的，成就梵行——清淨的行

5. 出家人的使命，是傳播佛法。他應當為一切眾生說法，使睡眠中的人覺醒，使有邪見之人的必端正，不惜身命，廣說教法。

但說法傳教並非易事，因此有志於傳教的人，應着佛*衣，坐於佛座，入佛室而說法。

所謂着佛衣就是要持柔和忍辱之心。坐佛座就是將一切萬物視為空而不執着之意。入佛室就是對一切眾生懷抱大慈悲心。

6. 又想要說法的人，應留心下面四件事。（一）是有

關其自身的行為，（二）是有關其言語，（三）是有關其願
望，（四）是有關其大悲心的事情。

第一、說法的人，應住於忍辱地，順柔和善而不粗暴，
觀想一切是空故不應起善惡的分別，亦不可執着，而心安住
於此使身行柔和。

第二、應關心種種境遇的對方，而不親近有權勢的人與
過邪惡生活的人，也不親近異性。在閑靜處修心，觀想一切
是由因緣所起的道理，心安住於此，不侮辱他人，不輕視他
人，不說他人的過失。

第三、應保持自心的安樂，對佛起如同慈父的想法，對
修道的人起如同老師的想法，對一切眾生起大悲的想法而平
等地為他們說法。

第四、應與佛同樣地發揮最大的慈悲心，對於不知求道
的人，心願他們必能聽聞教法，而隨此願加倍努力說法。

第 2 節　在家生活

1. 已如上述，所謂佛教徒就是指歸依三寶，即信佛、
法、教團（僧伽）的人而言。

所以，佛教徒應對佛、法、教團抱有不疑的信心，應遵
守教法命教徒遵守的戒律。

在家人的戒律是：不殺生·不偷盜、不邪淫、不妄語、
不飲酒等五戒。

在家人除了歸依三寶，守在家戒之外，同時也應使他人
能信佛守戒。應努力勸導親戚、朋友、知己同來信佛，使他
們也能沐浴佛陀的慈悲。

在家信徒之所以歸依三寶，守在家戒，是為了要得道，
因此雖在愛欲生活之中，亦應使自己不被愛欲所束縛。

人最後總要與父母別離，也要離開家人，離開此世間。

故心不要為必須別離，必須離去的事物所縛，而應把心趣向於無別離的涅槃境界。*

2. 若聽聞佛的教法，信心深厚而不退，則自然生歡喜心。入此境地，即能對任何事都認為光明，而發現喜悅。

其心清淨柔和，常忍辱，不好爭鬧，不令人煩惱，而念佛、法、教團三寶故自然心生歡喜，到處都可發現光明。

由於信而與佛成為一體，因離我見，故不貪我所有，因此生活上沒有恐怖，而不厭毀謗。

因相信將往生佛國故不畏死。因相信教法的真實與尊貴，故在人前亦能毫無畏懼地說出自己之信仰。

又以慈悲為懷，故對一切眾生無好惡之念，心正直清淨，故勤修一切善。

又在順逆任何時都增進信仰，持有慚愧心，敬順教法，

如說而行，如行而言，言行一致，以明晰的智慧觀察事物，心如山不動搖，祈求更進成佛之道。

又，無論遭遇任何事，也以佛心為心，引導眾生，也交往於惡濁的世間中，污穢的眾生之間，而盡力教化眾生，令其遷善。

3. 因此，無論誰都先應自願聽聞佛法。

設有誰說：「若走入此燃燒的烈火中即可得法」，則應有入其火中的決心。

因為走入充滿於世界的火中聞佛名號，誠是其人的救護之故。

當如此自得教法，而廣施於人，恭敬應該恭敬的人，服從應該服從的人，以甚深慈悲心趣向他人。自私或恣意而為，並非修道者的行為。

　　如此聽聞佛法，敬信佛法，不羨慕他人，不為他人的言語所迷，反省自己的做不做才是重要，而不可掛心他人的做不做。最重要的是要修自己的心。

　　不信佛的人只想到自己，故心胸狹窄，時常焦慮。但信佛的人，因相信背後之力，背後的佛的大悲，故自然心胸廣闊，而不焦慮。

　　4. 又聽聞佛法的人，本來就觀此身為[＊]無常，為聚苦之本，為諸惡之源，故不執着此身。

　　但又勤於保養此身。這並不是為貪着快樂，而是為得道、傳道之故。

　　若不保護此身則不能保全生命，不能保全生命，則不能受教身行，亦不能廣傳教法。

　　譬如欲渡河者善護竹筏，旅行者善於保護馬，聞法的人，應善加保護其身。

又信佛者，穿衣當不為虛飾，而只為遮羞，為防禦寒熱。攝取食物亦不應為享受美食，而應為維持身體健康，以便受教或說法。

住家亦相同，應為身體，不可為虛榮。應想住於正覺之家是為防禦煩惱賊，躲避邪教之風雨。

一切皆如此，凡事不為本身着想，對待他人亦不驕傲，應只想為菩提，為教法，為他人而做。

所以，雖在家與家人在一起，其心却暫時亦不離教法。雖以慈悲心隨順家人，但顯示方便教他們得救之道。

5. 又此佛教教團中的在家人，日常應留意侍奉父母，侍奉家人，侍奉自己，侍奉於佛等種種行為。

侍奉父母時，當念一切護養，永得和平；與妻兒聚在一起時當念應從愛欲的牢獄中解脫出來。

在聽音樂時，常當念獲得法樂；在室內時，當念入賢者之境地，永離污穢。

又，偶爾布施他人時，當念捨棄一切，消除貪心；在聚會中當念人諸佛之聚會；遇到災難時，當願持不動搖的心。

又，歸依佛時，當願與眾生，體解大道，發求道心。

歸依法，當願與眾生，深入經藏，得如海之智慧。

歸依教團，當願與眾生，引導大眾，去除一切障礙。

又，當你穿衣時勿忘以善根與慚愧為衣服，

大小便時，當願去除心中的貪、瞋、痴等污穢，

見昇高的路時，當想昇無上道，超出迷惑的世界，見往下之路時，當願謙下柔和，入佛之深法。

又見到橋探時，當願造一座法橋度人，

見到悲愁的人，當生起厭離變化無常法之心，

見到享受欲樂的人，當願離如幻的生活，得無上菩提，

得到香美的食物，當知節約，少欲而願離執着，得不好吃的食物，當願永離世間欲。

又夏天盛暑炎熱時，當願離煩惱熱而得清涼法味，冬天嚴寒時，當願得佛大悲的溫暖。

讀誦經典時，當願得總持一切教法而不忘，

若思念佛時，當願得如佛的慧眼。

夜晚睡覺時，當願休息身、口、意三業而令心清淨，早晨醒來時，當願覺悟一切，而凡事皆能知覺。

6. 又，佛教徒因知一切萬物的真實形相（實相），即「＊空」的教理，故不輕視世間的工作，人際間的種種事，而如實接受，令其適合於成佛之道。

人類世界的事是迷惑而毫無意義，悟界的一切乃為尊貴，不作如此分別，而於世間一切事物中體會成佛之道。

若以＊無明覆蓋的眼見之，世間可能成為無意義而顛倒的，但以智慧明省，此世間就成為悟界。

並非事物分無意義者與有意義者二種，亦非有善與惡二種，其所以分為二種乃是人的分別所使然。

若以離分別（計度）的智慧明照，則一切皆具有尊貴的意義。

7. 信佛的人，以如此信佛，並以其信心，體會世事的尊貴，亦以其心，謙遜地侍奉他人。

　　所以，信佛的人無驕慢心，而有謙下心，服務他人的心，如大地載一切的心，施與一切無厭足心，忍一切苦心，無懈怠心，對一切貧苦眾生施與善根的心。

　　如此，哀愍眾生貧乏的心，而欲成為一切眾生之慈母以養育其心的這種心，就是將一切眾生如父母般恭敬，作為自己的尊貴善知識（良師）而崇敬的心。

　　因此，對於信佛的人，即使有百千人起怨恨、敵視，而欲予加害，也不能遂其心。這譬如任何毒素都不能污損大海的水一樣。

　　8. 佛教徒，必須反省而慶幸自己的幸福，並感謝這信佛之心完全是依佛力而來，乃是佛所賜。

　　又明知：在煩惱的污泥中，本無信心的種子，但在這污泥中種植了佛的慈悲，因而成為信佛之心。

　　如前所說，伊蘭（篦麻）的毒樹林中，不萌梅檀香木之

芽，在煩惱的胸中，不可能有信佛的種子萌芽。

然而，現在發芽而且在煩惱的胸中開出歡喜的花，由此可知其根不在其中，而在別處。其根是在佛的胸中。

若佛教徒有了我見，則由於貪、眼、痴的心，而會嫉、妒、恨與傷害他人。但到成佛時，就能完成如上述的偉大的佛事。這誠可謂不可思議。

第二章 ❖ 生活的指南

第 1 節　家庭的幸福

1. 不知災禍由內心起，而以為從東、西方來是愚痴的。不修內而想守外是錯誤的。

早晨早起，漱口，洗臉，禮拜東西南北上下六方，祈求守護災禍的出口，以及一日的平安，是世人所做的。

但是，佛的教法與此不同，是向正確真理的六方表示尊敬，賢明地行德行，以防止災禍。

要守護此六方，首先應去除四種行為的污垢，阻止四種惡心，堵塞傾家蕩產的六個口。

「四種行為的污垢」就是殺生、偷盜、邪淫與妄語。

「四種惡心」就是貪欲、瞋恚、愚痴與恐懼。

「傾家蕩產的六個口」就是飲酒而不認真工作，深夜到處遊蕩，沈迷於音樂和戲劇，耽溺賭博，結交惡友，以及怠忽業務。

去除此四種行為的污垢，阻止四種惡心，堵塞傾家蕩產的六個口，然後禮拜真正的六方。

「真正的六方」是什麼呢？那就是東方為親子之道，南方為師徒之道，西方為夫婦之道，北方為朋友之道，下方為主僕之道，上方為佛教徒之道。

首先，所謂守東方的親子之道，就是子對父母應做五件事。孝順父母，幫助家業，尊重家系，守護遺產，父母死後作佛事祭拜。

對此，父母對子亦要做五件事。去惡，勸善，施予教育，安排婚姻，當於適時與之繼承家業。若互相遵守此五件

事，則家庭和平，不起風波。

其次，所謂南方的師徒之道，就是弟子對師父，要起立迎接，殷勤侍候，遵守師命，不忘供養，鄭重受教。

與其同時，師對弟子亦要自正其身以正弟子，將自己所學得的全部正確地傳授弟子，正確地說明正確地教授，予以提拔而令其揚名，凡事皆不忘守護之責。這樣師徒之間就能保持平和。

其次，西方的夫婦之道，夫對妻要尊敬，有禮節，守貞操，委以家政，有時贈送飾物。妻對夫，則整理家事適當使喚傭人，堅守貞操，不浪費丈夫的收入，善加管理家庭。因此夫妻之間和睦，不起爭端。

其次，北方的朋友之道，要布施對方不足之物，用親切的言語說話，為之謀求利益，常以友愛體貼的言語互勉。

又保護朋友不往壞處墮落，萬一墮落時，則予以保護其

財產，又有憂慮時，為之想辦法解決，遭遇不幸時就伸出救助之手，必要時擔養其妻兒。如此朋友之間得以保持友誼，互相可得幸福。

其次，下方主僕之道就是主人對於傭人要守下列五件事。按照其力令他做勝任的工作。給與好的待遇——薪金。生病時親切地看護。珍奇之物應分給。有時讓他休養。

對此，傭人對主人應以五種心意侍候。

早晨要比主人早起，夜晚要比主人晚睡。凡事應守正直，對工作要熟練。而且應常注意不要傷害主人的名譽。這樣主僕之間的糾紛即消除，而常保持和平。

所謂佛教徒之道，就是不管任何家庭，都應有佛的教法存在。而做為受此教法的人，應當對師父身、口、意皆充滿敬愛，恭敬地迎接師父，聆聽其教法而受持，並供養師父。

對此，解說佛法的師父，應充分理解教法，而教人去惡

為善，開示正道令人入平安的境地。如此，則家庭保持了其教養的中心而成長。

所謂禮拜六方即如是，並非禮拜六方向以欲避災。乃是守護做人的六方，自己防止從內湧出的災禍之謂。

2. 人應辨別可以親近的朋友與不可親近的朋友。

不可親近的朋友就是指貪欲深的人，花言巧語的人，阿諛諂媚的人，浪費的人。

可以親近的朋友就是指真正能幫助的人，同甘共苦的人，不惜忠言的人，富於同情心的人。

真正的朋友，就是當他不認真時予以勸告，暗中操心，遭遇災難時給予安慰，必要時全力給予援助，不揭發秘密，常能引導走向正途的人。

自得如此的朋友雖不容易，但自己也要去努力成為這種

真正的朋友。好人，由於其正當的行為，在此世間，有如太陽一般光輝燦爛。

3. 父母的大恩，儘管如何努力亦報答不完，如，在百年之間，右肩載父、左肩載母而走路，亦不能報答其大恩。

又，在百年之間，即使日夜用香水擦洗父母的身體，盡所有的孝養、或努力奮鬥，使父母有如王者般地，讓父母得榮華，亦尚不能報盡此大恩。

但若能引導父母信佛法，令之捨棄誤道而返回正道，捨貪欲喜布施，始能報答其大恩。或寧可說報答他們更多。

敬愛父母，孝順父母之人家，是佛菩薩保佑之家。

4. 家庭是心與心接觸最近的住所，因此若和睦相處則如花園般地美麗，但若心與心失去調和，則起激烈的風波，而帶來破滅。

這時，應該不提別人的事，而先自守自己的心，踏上應走的正道而行。

5. 從前，有位信仰篤厚的青年。父親死後與母親過着相依為命的生活，後來結婚娶妻，變成三個人一起生活。

起初和睦相處，是個和平快樂的家庭，後來由於細故婆媳之間發生了齟齬，一旦起了風波就不容易平息，終於母親留下了年輕的夫妻離家出走了。

母親分居以後，不久媳婦生下了男孩。過着寂寞孤獨生活的婆婆，有一天，聽人傳說她的媳婦曾說：「婆婆住在一起時，因她嘮嘮叨叨，所以沒什麼喜事，分居以後，就有這種喜事了。」

這個傳說使婆婆非常生氣的嚷道：「世間沒有正義了。若把母親趕走，而有喜事的話，世間是顛倒了。」
「既然如此，非為正義舉行葬禮不可。」婆婆叫喊着，像瘋狂一般跑去墓地。

　　聽到這件事的神，立刻出現在婆婆的面前，問她事情的原委而苦口婆心的勸她，但終不能折服婆婆的心。

　　神遂說：「那麼讓你舒心滿意，現在就去把可恨的媳婦和孫子燒死，這樣好吧！」

　　聽到神的話而驚恐的婆婆，乃為自己的錯誤謝罪，並為媳婦與孫子求情，請神饒命。這時兒子與媳婦亦反省過去的不是，而為尋訪母親，正要到墓地的途中。神使婆婆與媳婦和解，使之恢復從前的和平的家庭。

　　若不自己捨棄正義，教法乃永遠不滅。教法之所以消滅並非教法本身消滅，而是其人之心失去正義之故。

　　心與心的衝突，誠能造成可怕的不幸。些微的誤解，終會變成很大的災禍。在家庭生活中，這是特別要注意的事。

　　6. 個人對於其家庭經濟，都應像螞蟻一樣專心勤勉，如蜜蜂般地努力工作。不可依賴他人之力，等待其施捨。

又努力奮勉得來的財富，不可認為是我自己一個人的而自己一個人使用。應分幾分給予他人，也貯蓄幾分以備不時之需，又應以能為國家，為社會，為佛教使用而高興。

要知，無一物是「我所有」的。一切皆由因緣而來到自己之處，只是暫時代為保管而已。故每一件東西都要愛惜而不可浪費。

7. 當優陀延那（Udyana）王妃沙摩婆帝（Syamavati）供養五百領衣服給阿難（Ananda）時，阿難欣然接受。

王聽到此消息後，懷疑阿難或許由於貪心而接受。於是王乃問道：「尊者一下子接受五百領衣服要做什麼？」

阿難回答說：「大王，因很多比丘穿着破衣，所以我要把這些衣服分給他們。」

「那麼那些破衣怎麼辦呢？」「以破衣做墊被。」王又問：「那麼那些舊墊被呢？」偉者答道：「做枕頭袋。」「舊枕頭袋呢？」「做地板的鋪蓋布。」「舊的鋪蓋布呢」

「作擦腳布」「舊的擦腳布怎麼辦？」「作抹布。」「舊抹布呢？」阿難答道：「大王，我們把舊抹布撕成碎片和泥，於造房子時，把它塗於牆壁中。」

物品要好好地使用。應物盡其用，並善加利用廢物，不要浪費。這就是非「我所有」的，代為保管之物的使用法。

第 2 節　女性的生活方式

1. 世間有四種類型的婦女。

第一種婦女是細小的事情也很容易生氣，反覆無常，貪而無厭知布施，見他人的幸福則嫉妒，而不知布施。

第二種婦女雖容易生氣，反覆無常，貪而無厭，但不嫉妒別人的幸福，也知道布施。

第三種婦女是心胸寬大，不亂生氣，亦非反覆無常，且知壓抑貪欲。不過尚不能去除羨慕他人，嫉妒他人之心，亦

不知布施。

第四種婦女是心胸寬大而不生氣，抑止欲念而心平氣和，且不羨慕他人，又知布施。

2. 當年輕的女孩子出嫁時，應記住下列幾件事。要恭敬侍奉丈夫的雙親。因為他們是謀求我們夫妻的利益，仁慈保護我們的人，所以我要以感謝的心情侍奉他們，願隨時服侍老人家。

丈夫的老師授予丈夫尊貴的道理，所以自己亦應該尊敬他。為能理解丈夫的工作而予以協助，自己亦應充實教養。不可把丈夫的工作視為他的事，而漠不關心，毫無責任。

對於丈夫家裏的傭人或出入的人，要了解其性情、能力以及食物的嗜好等，親切地照顧他們。又將丈夫的收入好好地貯蓄，絕不要為自己浪費金錢。

3. 夫婦之道並非只為方便而結合在一起，亦非僅因肉

體同住一處就能完成的。夫婦必須共同依一個教法努力養心
方可。

　　曾被譽為「理想夫婦」的一對老夫婦，到世尊之處說：
「世尊，我們從幼小時就互相認識，後來成為夫婦，迄今在
心的任何角落，都不曾留下貞操的污點。請教導我們：如何
才能如今世這樣作為夫婦渡過幸福的一生一樣，後世亦能作
為夫婦而互相見面。」

　　世尊回答說：「你們兩位要有相同的信仰才好。若接受
同樣的教法，同樣養心修性，同樣布施，而智慧相同，則後
世亦能以同一條心生活吧！」

　　4. 有一位玉耶女（Sujata）嫁給孤獨（Anathapindada）
長者之長子，她為人驕慢而不知尊敬他人，不順從父母與丈
夫的命令，常成為一家起風波的原因。

　　有一天，到長者之家而看到此情形的釋尊，乃叫玉耶女
到跟前教導她說：「玉耶女啊，世間有七種妻子。」

　　第一種，是如殺人般的妻子，她有污穢的心，對丈夫無敬愛之念，最後將移情別戀其他男人的妻子。

　　第二種，是如小偷般的妻子，對於丈夫的工作不理解只想滿足自己的虛榮，為了滿足口腹之欲而浪費丈夫的收入，偷丈夫之物的妻子。

　　第三種，是如主人的妻子，不顧家政，自己懶惰只貪口腹之欲，常以粗魯的言語叱咤丈夫的妻子。

　　第四種，是像母親一樣的妻子，對丈夫抱有濃厚的愛情，如母對子般保護丈夫，珍惜丈夫收入的妻子。

　　第五種，是像妹妹一樣的妻子，盡誠侍候丈夫，以對姊妹般的情愛與慚愧心服侍丈夫的妻子。

　　第六種，是如朋友的妻子，常見丈夫而歡喜，猶如對待久別重逢的朋友，行為端正賢淑，而尊敬丈夫的妻子。

第七種，是如女傭的妻子，善服侍丈夫，尊敬丈夫，對丈夫的任何行為都能忍受，不怒亦不抱恨，常努力使丈夫快樂的妻子。

「玉耶女，妳想做其中那一種妻子呢？」

聽到此教法的玉耶女，深感自身的羞恥而懺悔，並發誓從今以後要做如女傭一般的妻子，幫助丈夫，而與丈夫共同修道。

5. 菴婆波利（Am rapali）是毗舍離（Vaisali）城有名的娼妓，也是自己擁有許多娼妓的主人。有一天，她想聽良好的教法而訪佛陀。[*]

釋尊教導她說：

「菴婆波利，女人是很容易心亂，行為容易錯誤的，因欲念很深，故吝惜心、嫉妒心強烈。可以說比男人較多障礙。因此，女人比男人進道較難，何況年輕貌美的人就更加困難了。她必須戰勝財與色的誘惑而進道。

　　菴婆波利，對女人來說是強烈誘惑的財與色，絕非是永久之寶。只有悟道才是永久不壞之寶。強壯的人亦會患病，年輕人亦會被老所破，生將被死威脅。又有時必須與所愛者別離，而與有仇恨者在一起，而且所希求的總是不能如意的得到。這是世間的慣例。所以，在此世間中能保護妳的，只有菩提之道。妳應趕快求道才好。」

　　聽到此教法的她，乃成為佛弟子，而把美麗的庭園奉獻給教團。*

　　6. 在菩提道上，沒有男女的區別。若女人亦發心求道，亦被稱為「菩薩」——求道者。

　　波斯匿（Prasenajit）王的王女，阿踰闍國（Ayodhya）王妃勝鬘夫人（Mallika）是此求道者，深深歸依世尊的教法，而於世尊前發了下列十大誓言。

　　「世尊，我從今日乃至成菩提；

(1)不犯所受戒，(2)對於尊長不悔慢，(3)對於諸眾生不起恚怒心，(4)對於他人的姿色、所有物不起嫉妒心，(5)在心理上、物質上不起慳吝心，(6)不為自己貯蓄財物，凡有所受皆給貧苦的人，使他們幸福。

(7) 即使做了布施、親切的言語、利益他人的行為、為他人設想等事，也不為自己，而以不污染、無厭足、無罣礙之心收取一切眾生。

(8) 若見到孤獨的人，被關在牢獄的犯人，患疾病而苦惱的人，有種種厄難困苦的人，為使他們安穩，說些道理給他們聽，以救其痛苦。

(9) 若見到捕養生物，或犯諸戒的人，將盡我所有的力，應懲罰者，予以懲罰，應勸導者予以勸導，使他們停止那些惡行。

(10) 不忘得正法。忘正法的人，乃遠離遍於一切的真正教法，而不能到達涅槃之彼岸。

我還為哀愍拯救這不幸的眾生，再發三大願：

（一） 我以此真實之願，令一切眾生安隱。而且，以此善根，不管受任何生，當得正法智。

（二） 我得正法智後，將無厭倦地為眾生說。

（三） 我所得的正法，將捨身命、財產，一定護持。

　　家庭的真正意義，在於相偕邁進菩提道。雖為婦女，若發心進道，而像王妃勝鬘夫人那樣發大願，誠能成為優秀的佛弟子。

第 3 節　利他行

1. 此有繁榮國家的七種教法。

一、國民時常集會討論政治，嚴密自守國防。

二、上下一心和睦相處，共同研議國事。

三、尊重傳統而不亂修改，重禮尚義。

四、男女有別，長幼有序，保持社會與家庭的純潔。

五、孝順父母，敬事師長。

六、尊崇祖先的祭壇，舉行祭祀儀式。

七、尊道崇德，仰教於德高之師，而深心供養。

　　任何國家，若能遵守上列七種教法而不違背，則其國定能繁榮無疑，當不受外國的侮辱。

　　2. 從前，大光王說明自己治國之道謂：

　　「我治國之道是先修身。自養慈心，而以此慈心親臨國民，教導人民去除心垢，身心柔軟，使他們得到勝於世間樂的正法樂。

　　又，有貧窮的人來到時，常開庫藏，讓他們恣意取之。而且藉此勸戒他們遠離一切惡。

　　眾生各以其心為本，所見種種不同。此城人民，有的見此城是美麗的，又有視為垢穢的。這是各人的心及其環境所使然。

　　尊重教法，心正直的人，於木石亦見琉璃之光，但欲念深而不知修身的人，任何富麗堂皇的宮殿亦不能看成美的。

　　國民的生活，萬事皆如此，乃以心為本，故我將治國的根本置於令人民修心。」

　　3. 誠如大光王所說，政道之根本，在於使人民修心。修心就是邁向菩提道，故從政的人，首先要信佛教。

　　若行政人員信佛，信佛法，尊敬有大慈悲有道德的人，而供養他們，則無敵人，無怨恨，國家必定繁榮。

　　若國家富裕繁榮，就不會攻取他國，亦無須攻擊他國的武器。因此，國民亦滿足而享受快樂，上下和睦，增善積德，互相敬愛歡喜，故人民愈繁榮，寒暑調和，日月星宿，常度無虧，風雨隨時，而遠離種種災禍。

　　4. 王者之任務，乃為保護人民。王為人民的父母，因能依法保護人民之故。王養人民猶如父母養赤子，父母不待赤子哭叫，就替他去濕布換新布一般，常給人民幸福，去除苦惱，以慈心養育之。誠然王者以民為國寶。這是因為民心不安則政道不立之故。

所以，王者當憂民而片刻不離於心。當察知人民的苦樂，謀求人民的繁榮，為此當常知水，知風雨，知收成之好惡，知乾旱，知人民的憂喜 知罪之有無、輕重，知功績之有無等，以明賞罰之道。

如是知民心，然後應給予的及時給予，應取的則酌量而取，減輕課稅，以期不奪民利，使人民得安樂。

王以力與權威保護人民，如此為民盡心，能保護人民者稱為王。

5. 此世間的王中之王稱為轉輪王（Cakravartiraja），轉輪王就是其家系純正身分尊貴，統御四邊又護法的法王。

此王所到之處，無戰爭，無怨恨，依法布德，使民安樂而降，伏邪惡。

轉輪王不殺生，不偷盜，不邪淫，不妄語，不惡口，不兩舌，不綺語，不貪欲，不瞋恚，不愚痴。行此十善以去民

之十惡。

又，依正法施政，故於天下能隨心所欲，其所到之處無戰爭，無怨恨，亦無互相侵犯。因此，民和、國安，而更能使人民安樂。所以被稱為護法法王。

又，轉輪王是王中之王，故諸王皆稱讚其德，而隨順其教令各治其國。

如是轉輪王令諸王各安其國，而使之於正法之下完成王的任務。

6. 又，王裁決罪行時，應以慈悲心為根本。應以明晰的智慧觀察，以五個原則予以處置。

所謂五個原則就是：
一、依實不依不實。這是調查事實，依事實判決之意。
二、依時不依非時。這是王有力時為時，王無力時為非時。有力時處罰則有效果，無力時處罰只有混亂，故應等待

時機。

三、依動機不依結果。這是追究犯罪者的心，鑑定其動機為故意或非故意，若非故意則不治罪之意。

四、依親切語不依粗獷語。這是要明瞭所犯之罪該當那一條規則而不與其罪以上的處罰，又以柔和的言語諭告，使之覺悟其罪之謂。

五、依慈悲心不依瞋心。譴責罪而不責備人，以慈悲心為本，使犯罪者悔改其罪。

7. 若身為王之重臣而不憂國計，只求己利，收取賄賂歪曲政道，使人民的風氣頹廢，則人民乃互相欺騙，強者凌辱弱者，貴者輕視賤者，富者欺騙貧者，以歪曲的道理彎曲正直者，故更加增長災厄。

於是，忠實的重臣隱退，有心者亦懼危害而沈默，只有諂佞者取得政權，濫用公權而肥己，人民的貧苦就無法救濟。

若變成這樣，政令就行不通，政治完全鬆弛。

　　這樣的惡人，就是劫奪人民幸福的盜賊，誠可謂國家最大的惡賊。因為欺上亂下，成為一國災禍的起源之故。王應對如此惡徒予以最嚴厲的處罰。

　　又在依法行政的王國內，有不念父母養育之恩，只傾心於妻子而不養父母，或奪取父母所有財寶而不肯順從其教言者，應將這些人數於最大惡之中。

　　為什麼呢？因為父母之恩重如山，一生至心孝養，亦不能報盡之故。對於主君不忠，對父母不孝者，應作為最重的罪人予以處罰。

　　又在依法行政的王國內，有對佛、法、[*]教團三寶無信心，破壞塔寺焚燒經典，捉僧侶並驅使等破壞佛教之行為者，是最重罪者。

　　為什麼呢？因為這是顛覆一切善行之本——人民的信念之故。這些人，是燒盡一切善根，自掘墓穴的人。

此三種罪最重，因此應予最嚴厲的處罰。其他的罪，與此比較起來，可以說尚輕。

8. 有對守護正法的王起叛逆之賊，或從外國來攻擊侵略者，正法的王應有三種想法：

第一、逆賊或外敵，只想損害人，虐待人民。我應以武力解救人民的痛苦。

第二、若有方法，最好不動兵刃，來平定逆賊與外敵。

第三、盡量生擒敵人而不殺害，並削滅其武力。

王生起這三種心，然後決定部署下令就於戰鬥。

這樣做，士兵自然敬畏王的威德，並感其恩，又領悟戰爭的性質而協助王，而且為王之慈悲使其無後顧之憂而欣喜，為了報答王恩而從事戰爭，故其戰爭不僅終得勝利，戰爭亦反而變成功德。

第三章 ❖ 佛土的建設

第 1 節　和合的團體

1. 有一個廣大黑暗的曠野。無任何光明。那裏有無數生物蠢動着。而且因黑暗而不能相知,各自孤獨、寂寞而恐怖地蠕動着。實在是一幅可憐的情景。

這時忽然有光明。殊勝的人突然出現,手裡舉着大火炬。本來暗闇的曠野一瞬間變為光明的曠野。

於是,迄今在闇中摸索蠕動的生物就站起來環顧四周,發現周圍有許多與自己相同的生物,乃發出驚喜之聲,互相走近擁抱,熱鬧地歡喜交談。

此所謂的曠野即是人生,黑暗即謂無正確智慧的光。心無智慧之光的人,因互相見面亦不知相識和合,故獨生獨死,孤獨單行。只無意義的走動,寂寞恐怖是理所當然。

「殊勝的人舉着火炬出現」，即是佛舉着智慧的光，照耀人間之謂。

被此光明照耀，眾生始知自己，同時發見他人而驚喜，於此始誕生和合之國。

縱然有幾千萬人居住在一起，若互相不相識，則不成為社會。

所謂社會，就是有真正的智慧輝耀，互相認識、信賴而和合的團體。

和合誠然是社會或團體的生命，亦是真正的意義。

2. 但是，世間有三種團體。

第一種是為了具有權力或財力的指導者而集合的團體。
第二種是只為了對自己方便而維持的團體。
第三種是以教法為中心，以和合為生命的團體。

　　當然此三種團體之中，真正的團體是第三種團體，此團體以一個心為心而生活，且從其中生出種種功德，故有和平，有歡喜，有滿足，有幸福。

　　於是，恰如降落於山上的雨水流下，成為溪流，漸漸成為大河，終於流入大海。

　　種種境遇的眾生，亦被相同的法雨滋潤，而由小團體流入社會，最後流入同味的涅槃大海。

　　一切心如水與乳和合，於此產生美麗的團體。

　　所以正法，實為在此地上作出真正美麗團體的根本力，亦是如前所說之互相發現的光，同時亦是使眾生的凹凸心平坦、和合的力量。

　　此真正的團體，以教法為根本力，故稱為教團。[*]

　　而一切眾生皆應依此教法養其心，故教團按道理說，包

含了地球上所有的人，但事實上，是同信仰的人的團體。

3. 此事實上的團體，有在說法布施在家的人，與對此布施衣食的人，兩者應互相結合，以維持擴張教團，努力使教法永久流傳。

因此，教團的人應以和合為宗旨，以完成教團的使命為念。僧侶要教化在家人，在家人則受教並信教，因此得有兩者之和合。

互相和合而無爭，為能與同信的人共住之幸福而歡喜，慈悲相交，並應努力使與眾生的心成為一條心。

4. 教團的和合有六個原則。

（一）說慈悲的言語；
（二）行慈悲的行為；
（三）守慈悲的意志；
（四）得到的東西要共享；

（五）持相同的清淨戒；

（六）互持正確的見解。

此中以正確的見解為中心，而包攝其他五個原則。

其次，繁榮教團有兩種七原則。

（一）常相集會，講論正義；

（二）上下和同互相敬順；

（三）尊崇教法，不妄加修改；

（四）長幼相交往時，以禮事之；

（五）念護心意，以正直與孝敬為旨；

（六）在閑靜處修清淨行，先人後己，隨順於道；

（七）愛護眾生，厚待來者，妥善看護病者。若遵守此七原則，則教團絕不衰退。

其次：

（一）守清淨心，不願多雜事二；（二）守無欲而不貪

欲；（三）守忍辱而不爭執；（四）守靜默而不多言；
（五）守教法而不驕慢；（六）守一教法而不從他教；
（七）守儉約而衣食樸素。若遵守此七原則，則教團絕不衰
退。

5. 如前所述，教團以和合為生命，無和合的教團並非
教團，故應防止產生不和的現象，萬一產生不和時，應努力
迅速去除其不和。

血跡不能以血洗淨，怨恨不能以怨恨止息。唯有忘掉怨
恨才能止息。

6. 從前，有一位名長災（Calamity，舊譯長壽Dirghiti）
的國王。其國被鄰國好戰的國王梵摩達多（Brahmadatta）所
奪，乃與王妃及王子隱藏起來，但後來被捕，所幸只有王子
得以逃脫。

長災王赴刑場的那一天，王子想伺機救父，但終無機
會，只有悔恨地流着淚注視可憐的父王。

　　國王看到王子而喃喃自語地說：「不可久看，不可短急，怨恨唯獨以無怨恨才能消除。」

　　此後王子只一心走復仇的路。終於得機會受僱於王宮，而接近國王，並得其信任。

　　有一天國王出去打獵，王子心想今天非達到目的不可，乃中計謀把國王從軍眾引開，單獨隨國王奔馳於山中。國王疲乏已極，即以信任的此青年的膝為枕而眠。

　　現在正是時機來臨，王子即拔刀抵在國王的頸上，這一剎那，他想起父王臨終之語，幾次想刺下去却刺不下去時，突然國王覺醒，而說剛才夢見將被長災王的王子刺殺的可怕的夢。

　　王子押住國王舉起刀而說：現在正是報長年之仇的時機來到，並說出自己就是長災王子，但又立刻棄刀跪在國王的面前。

　　國王聽到長災王臨終之語大為感動，於是互相賠罪、原諒，將王子的本國還他，其後兩國長久維持親睦的關係。

　　這裡所謂的「不可久看」就是不可將怨恨長久繼續保持下去之意。「不可短急」就是不可急於破壞友情之意。

　　怨恨不能以怨恨止息，唯有忘掉怨恨才能止息。

　　在和合的教團，必須始終體會此故事的精神。

　　這不僅是教團，在世間的生活，也是相同的。

第2節　佛土

　　1. 如前述，[*]教團以和合為主，而不忘其宣布佛法的使命時，教團逐漸會擴大範圍，而教法亦隨之廣布。

　　此處所說的教法會廣布就是養心修行的人愈來愈多之意，於是，迄今支配着此世間的無明與愛欲的魔王所率領的

貪、瞋、痴等魔軍退却，而智慧、光明、信仰與歡喜，掌握了其支配權。

惡魔的領土是欲、黑暗、爭執、劍、血、戰鬥。也是嫉、妬、憎、欺、諂、諛、隱秘與毀謗。

現在於此，智慧照耀，慈悲滋潤，信仰紮根，歡喜之花盛開，惡魔的領土，一瞬間變成佛土。

如清爽的微風，或一朵花告訴我們春來了，一個人開悟，則草木國土，山河大地，悉皆成為佛土。

若心清淨，則其所居住之處亦清淨之故。

2. 在施行正法的世界，眾生的心變為正直。這是因為接觸了因無厭足大悲所常照護眾生的佛心，污穢心亦被清淨之故。

此直心，同時亦成為深心，菩提心，布施心，持戒心，

忍辱心，精進心，禪定心，智慧心，慈悲心，又成為想盡方便使眾生得道之心，故於此可建立莊嚴的佛土。

與妻兒住在一起的家庭，亦變成佛所住的家庭，即使社會難免有差別的國家，亦成為佛統治的心的王國。

誠然，充滿欲望的人所建的宮殿並非佛的住所。即使是月光會漏進來的簡陋小屋，若以直心人為主人，就成為佛住的地方。

建立在一個人心上的佛國，呼喚同信的人而增加其人數。由個人至家庭，至村莊，至城鎮，至都市，至國家，逐漸地擴大至世界。

弘揚教法實不外就是要擴大此佛土。

3. 此世界，若從一方面觀察，確實是惡魔的領土，愛欲的世界，血腥的戰場，但是於此世界信佛菩提者，欲將污染此世聞的血變成乳，將欲換為慈，把此世間從惡魔手中奪

取，而變成佛土。

欲以一柄杓，汲盡大海之水並不容易。但是生生世世一定要完成這件事的，就是信佛者的心願。

佛陀站在彼岸等待。彼岸是涅槃的世界，是永久沒有貪、瞋、痴、苦、惱的國土。其國土只有智慧的光輝照耀，只有慈悲的雨靜靜的滋潤。

那是在此世間的煩惱者，痛苦者，悲傷者，或是宣揚教法而疲倦者，悉入休憩的國土。

此佛土是光明無量，壽命無量，不再退回迷惑的佛土。

此淨土實為充滿着涅槃之樂，花光湛溢着智慧，鳥的鳴叫亦是說法的國土。真是一切眾生應於命終時歸去的地方。

4. 但是，此國土雖是休息的地方，却非安逸之處。其花台並非徒為安樂睡眠的場所。乃是真正得到勞動力，而將

之儲蓄起來的場所。

佛的教化工作，永無止境。只要有人類存在，生物繼續生存，且各個生物之心造出各個世界，其教化將永無止境。

現在依佛力扶持而走入彼岸淨土的佛弟子，再回到各有緣的世界，參與佛的教化工作。

如一盞燈點燃了火，則火次第移於他燈而無所盡，佛的心燈，也是一個接一個把火點燃於眾生的燈永遠無止境。

佛弟子，亦受持佛的教化工作，為成就眾生的心願，為莊嚴佛國土，而永遠工作不息。

第3節　護持佛土者

1. 優陀延那王的王妃沙摩婆帝，虔誠地歸依世尊。

王妃深居王宮的後宮而不曾外出。其侍女傴僂的鬱多羅

（Kubjottara久壽多羅）記憶力甚強，常參列於世尊法座，受教以後照世尊的話傳給王妃，由此王妃的信仰更為加深。

第二王妃摩犍提（Magandiya）非常嫉妒沙摩婆帝而企圖殺害她，於是對優陀延那王讒言中傷她。王終於心動而想殺沙摩婆帝。

當時沙摩婆帝從容地站在王的面前，王被王妃充滿慈悲[*]的神情所感動而無法放矢，遂心軟而向王妃道歉其粗暴的行為。摩犍提更加憤怒，終於利用王不在的時候，與壞人共謀在沙摩婆帝的後宮放火。王妃教導勉勵驚慌騷動的侍女們，而不驚不怖，活於世尊的教法中從容殉道。傴僂的鬱多羅亦死於火中。

沙摩婆帝被稱讚為在家信女中的慈心第一，鬱多羅則被稱讚為多聞第一。

2. 釋迦族的王，摩訶那摩（Mahanama）是世尊的堂兄弟，對世尊的教法信心至篤，是盡誠歸依的信徒。

拘薩羅國（Kosala）凶惡的王毘瑠璃王（Vidudabha）攻滅釋迦族時，摩訶那摩出去會見毘瑠璃王，請求解救城民，但當他知道凶惡的王不輕易允許，乃要求至少自己沈於池中的期間，允許開城門讓城民自由逃亡。

王想只是人沈於水中的時間則很短，所以允許了。

摩訶那摩沈於池中，城門打開，城民蜂湧而逃。但是摩訶那摩始終沒有浮上來。因為他沒入池中把頭髮解開，綁在柳樹根，自殺而救城民。

3. 蓮華色（Utpalavarna）是神通第一的比丘尼，她是可與目連（Mahamaudgalyayana）比擬的人，是帶領許多比丘尼而常予教化的比丘尼中優秀的教導者之一。

提婆達多（Devadatta）唆使阿闍世王（Ajatasatru Vaidehiputra）企圖反叛世尊，但，後來王歸依世尊而不顧提婆達多，因此他雖然到城門却被阻不能入城而佇立在城門前時，看到正從城門出來的蓮華色，突然生氣，揮拳用力打

她的頭。

蓮華色忍痛回到僧坊，安慰驚慌悲傷的弟子們說：「姊妹們，人的生命是難預料的。一切萬物皆是無常的，無我*的。唯有涅槃的世界是寂靜可依靠的地方。你們要努力精進修道。」然後靜靜地死了。

4. 曾為殺人鬼而殺害很多人的生命，後來被世尊解救而已為佛弟子的指鬘（Anguhmala鴦圳摩羅），因為其出家以前的罪行，乃於托缽的路上，受到人們的迫害。

有一天，進城去托缽時，被有仇恨的人傷害，滿身是血，好不容易回到僧坊，膜拜世尊的腳而述說喜悅的話。

「世尊，我原來雖名為無害，却因為愚痴而損害許多人的生命，收集洗也洗不清的血指，因此而得指鬘之名，

但現在歸依三寶而得菩提的智慧*。駕御牛馬需用鞭子或繩但是，世尊却不用鞭、繩與鑰匙，而調御了我的心。

今天我受到我應受的報應。我不求生亦不等死，只有靜靜等待時刻之道來。」

5. 目連是與舍利弗（SariPutra）並稱的世尊二大弟子之一。看到世尊的教法如水一般滲入人心的異教徒，起了嫉妒心乃加以種種的阻礙。

可是，任何阻礙也不能阻止真正教法的擴展，因此異教徒想除掉世尊的左右手，而企圖謀害目連。

一次甚至二次都能避開那些人的襲擊的目連，終於在第三次被很多的異教徒包圍，而受其迫害。

目連靜靜地忍受骨碎肉爛的極端暴逆，但菩提心毫無退縮，以平和的心就死。

附錄

❖佛教通史❖

一、印度

這是人類精神史上最大的創新紀元之一，因為「亞洲之光」就在這時光明燦爛的點燃於中印度，換言之，當時在該地滾滾湧出的智慧與慈悲之泉，旋即成為綿亙許多世紀滋潤亞洲人心的甘泉至今日的緣故。

佛陀・喬答摩（Buddlla Gautama）來被佛教徒稱讚為「釋迦牟尼」（Sakyamuni）即是：「出身於釋迦族的聖者」，離開家鄉而出家，到南方的摩揭陀（Magadha）國，終於在那有名的菩提樹下成就正覺，該時被推定為西元前第五世紀中葉。嗣後，直到「偉大的死」（大般涅槃）的四十五年間，帶着智慧與慈悲的教法，繼續不懈地過着傳道說法的生涯。結果，在同世紀末葉，於中印度的許多國家及部族之間，建立了不可動搖的大法城。

在孔雀王朝（Maurya Kingdom）第三代國王阿育王

（Asoka，在位於西元前二七三～二三二年）間，佛陀‧喬答摩的教法，擴展到全印度，甚至得以超越其領域，傳播到遙遠的國外。

孔雀王朝在印度是最初的統一王朝。第一代國王旃陀羅笈多（Candragupta，在位期間約是西元前三一六～二九三年左右）時，其領土已經北至喜馬拉雅山脈，東至孟加拉灣，西達興都庫什山脈（Hindu Kush Mountains），南及賓陀山脈（The Vindhya Mountains）之南，阿育王更征討南方迦陵伽（Kalinga）等，而將其領土擴大到德干高原（The Deccan Plateau）。

這位國王的性格本來非常狂暴，據傳被人稱為「可畏阿育」（Candasoka‧旃陀阿育），但在征服迦陵伽的戰役，目睹其慘狀之後性格為之一變，由此動機成為智慧與慈悲的教法之虔誠信徒。從此以後，這位國王做為佛教徒所做的許多事業中，對佛教的貢獻，有兩件事最引人注目。

第一、為所謂的「阿育王刻文」，就是依佛教的理想，

將施政方針刻在石柱上，或磨崖上，而建立於領土內各地。

第二、就是不但派傳教師在全印度弘揚佛陀的教法，更派使節到鄰近各國，傳播智慧與慈悲的教法——佛教。

其中特別引人注目的就是：這些使節之中，有的被派遣到敘利亞（Syria）、埃及（Egypt）、其列（Kyrene）、馬其頓（Macedonia）、埃比洛斯（Epeiros）等地，因此當時佛教普及到西方世界。又當時被派遣到銅色國（Tamraparni）——錫蘭（Ceylon）的使節摩哂陀（Mahendra）成功地「在美麗的楞伽島（Lankavipa）樹立美麗的教法」，而在該島建立所謂南方佛教的基地。

二、大乘佛教的興起

後代的佛學者常用「佛教東漸」的表現法。但這在西元前幾世紀，佛教明確的向着西方傳播。佛教之向東大約始於西元前後。在尚未談到正題以前，我們首先要談有關佛教中所起的大變化。這不是別的，就是關於稱為「大乘佛教」的

「新潮」，成為顯著的存在出現於佛教中之事。

這種「新潮」，不知何時，由誰如何推動，其開始的原委，誰也不能明確地說出來。對於這一點我們僅能指出的就是：首先，毫無疑問，那顯然是由一羣進步主義的比丘們，在所謂大眾部的思想系譜中產生的。其次，自西元前一、二世紀至西元後第一世紀左右，已經有幾部重要的大乘經典存在。而以這些大乘經典為背景，有龍樹（Nagarjuna）的卓越思想活動之展開，以致所謂大乘佛教的特色，於此時很明顯的呈現於佛教史舞台的前景。

在漫長的一段佛教歷史中，大乘佛教所扮演的角色是很大的。如我們將要談到的中國佛教及日本佛教，在他們的歷史中，完全受到大乘佛教的影響。這絕不是一件不可思議的事情。因為於此已經產生救濟大眾的新理想，並描繪出稱為菩薩的新理想做為其理想的實踐者。加之，支持這些菩薩像而由大乘思想家所創造的形而上學或心理學亦有良好的成果與優異的表現。這雖很明顯地連繫在佛陀教法的系譜上，另一方面，又注入了新的智慧與慈悲於教義中。由此，佛教更

成為充滿熱情，富有活力的宗教，猶如一條滔滔大河般，滋潤東方各國。

三、西域

中國人開始知道佛教，是透過西域（中亞細亞諸國）。所以，欲敘述印度至中國佛教傳來的路線，則必須先談到了絲路。絲路是通過亞洲中央的荒涼地域，連接西洋與東洋交通的貿易路，開闢在西元前第二世紀末葉，在漢武帝（西元前一四○～八七年）時代，當時漢朝的領土，擴展到遙遠的西方，而與大宛（Ferghana）、康居（Sagdiana）、大月氏（Tukhara）以及安息（Parthia）各國接攘，在這些國家尚活潑地存在着曾經被亞歷山大（Alexander The Great）所鼓吹的商業精神。在連接這些國家的古代貿易路上，中國出產的絹絲是最重要的商品。因此被稱為「絲路」。因而從西元前後以佛教為中心而開始的印度與中國之間的文化交流，也是首先靠這條貿易通路來進行。如此，絲路亦可說是傳播佛教的道路。

四、中國

　　中國人接受佛教的歷史，首先應以取經與譯經事業為主題來敘述。其最初的經典，自古以來認為是後漢明帝永平年間（西元五八～七六年）由迦葉摩騰（KasyaPamatanga）等攜來而譯出的《四十二章經》。但這在今天，被認為不過是可疑的傳說而已。其確實被證實的佛教歷史始於西元一四八年至一七一年間，安世高在洛陽從事於翻譯事業。嗣後至北宋（西元九六〇～一一二九年）時代，中國的佛教經典翻譯事業，大約繼續了一千年。

　　初期傳入佛教經典，並且從事譯經的中心人物，大部分是由西域來的僧侶。例如安世高是安息國人，在第三世紀時來到洛陽。翻譯《無量壽經》的康僧鎧是康居國人，即現今的撒馬爾罕（Samarkand）地方的人。又，以《正法華經》之譯者而聞名的竺法護（Dharmaraksha）是大月氏人，而於第三世紀後半至第四紀初葉住在洛陽或長安。後來到了第五世紀初葉鳩摩羅什（Kumarajiva）自龜茲（Kucha）來華，這時中國的譯經史達到了頂點。

　　從那個時候，由中國到印度去學梵語，求法的人，也就是入竺求法的活動才真正開始。其先驅者為法顯三藏（西元三一九～四二〇年？），他於隆安三年（西元三九九年）從長安出發，經十五年才回國。那位最有名的玄奘三藏（西元六〇〇～六六四年），也於貞觀元年（西元六二七年）出發，而於貞觀十九年（西元六四五年）回國。其間經過了十九年。還有義淨三藏（西元六三五～七一三年）則在威亨二年（西元六七一年）經海路到印度，經過二十五年後，同樣由海路回國。

　　他們不但親自到印度學梵語，還親自帶回佛教經典，而且回國以後都扮演譯經的中心人物。尤以玄奘所表現的語學能力卓越超羣，由於其精力充沛於譯經大事業，中國的經典翻譯史迎接了另一紀元。這就是學者們以鳩摩羅什為代表的舊來的翻譯稱為「舊譯」，而以玄奘三藏以後的翻譯稱為「新譯」之所以。

　　根據這些被譯出的大量佛教經典，他們所做的思想上的組織與宗教上的活動，亦逐漸地加強中國化的傾向。在此明

顯地表現出民族的資質、要求與自信。在初期的時候，他們特別傾心於般若部經典所講的「空」的形而上學，同時他們把所謂的「小乘」捨棄，而專門傾心於「大乘」。這種趨勢在天台宗逐漸顯着，及至禪宗的出現可謂達到極點。

中國天台宗在第六世紀後半時，由第三代祖師天台大師智顗（西元五三八～五九七年）予以大成。他是中國所產生的佛教思想家中的代表者，從他的腦中所想出的「五時八教」判教，長久而廣泛地影響到其後的中國及日本的佛教。

在中國，諸經不管其成立的順序如何，只管請回來，然後次第的翻譯出來。面對龐大的經典，要如何理解其成立與價值，乃有表示其見解以便 述佛教全般的理解方法，且表示自己之所依據之必要。這就是所謂的判教或教相判釋的課題。在此意義上而言，所謂判教，就是中國化的思想的組織，其中尤以智顗的判教最為具體，因此亦具有可觀的說服力。然而由於近代的佛教研究的結果，其支配性影響力終於告終。

在中國佛教史中，「最後傳來者」就是禪宗。其初祖就

是外國沙門菩提達磨（西元？～五二八年），由他所播種的種子，為中國佛教的精華而大大地開花，乃是第六祖慧能（西元六三八～七一三年）以後的事，在第八世紀以後，人才相繼輩出，招來數世紀的禪宗之隆盛。

禪宗以「佛祖正傳」自命，或謂「教外別傳」。然而，在中國來說，所謂「教」不外就是經。因此中國人努力於請經及其翻譯達幾世紀之久。可是，現在他們竟把那些功勞置之度外，認為有別傳，只管打座，以為這是佛祖之正傳。若追尋其不可思議言說之微妙，則得知其中有紮根於中國人資質的新佛教思考方法去支持着其想法。這已經是中國人的佛教了。而且，佛陀的教法加入這種新的潮流，愈成為滔滔大河來潤澤東方諸國。

五、日本

日本佛教的歷史始於第六世紀。西元五三八年，百濟王派使臣將佛像、經卷奉獻於欽明天皇的朝廷，這就是日本佛教傳來的嚆矢。爾來，日本佛教的歷史已超過一四〇〇年。

在長久的佛教歷史中，我們可歸結於三個焦點加以考察。

第一個焦點於第七、八世紀的佛教。

具體的說，是自法隆寺的建造（西元六〇七年）至東大寺的建造（西元七五二年）的時代。當回顧這個時代時，不可忘記的是此時整個亞洲有非常高漲的文化潮流。在西方文明關閉在黑暗中的這幾個世紀，東方文明展開了活潑而雄大的活動。在中國、西域、印度以及南海諸國，經營強而有力的知性、宗教性及藝術性的活動。佛教把這些活動互相結合，將廣大的人文主義的潮流沖洗着東方世界，由此可知，那絢爛的法隆寺、雄偉的東大寺之建造，以及圍繞着寺院的多彩的宗教性及藝術性的活動等，幾世紀的新日本文化的活動，那遍及整個荒漠的亞洲的文化潮流，在最東端的氣息是可想而知的。

忽地一下子盛開文化之花，這就是那幾世紀的日本人的遭遇。而其國際性文化的主要擔負者就是佛教。因此該時代的寺院乃是國際性開明的文化中心。僧侶是新知識的領導

者。經典是優良思想的交通工具。在此，與其說是一種宗教，寧可說是有更廣汎的偉大文化存在。這就是這幾世紀中佛教初傳的真相。

到了第九世紀，出現了最澄（西元七六七～八二二年）與空海（西元七七四～八三五年）兩位偉大的高僧，創立了所謂平安佛教的最初日本佛教的宗派。把幾乎流落為貴族們的消遣品的佛教，恢復為本來的修行的立場，將以前以都市為中心的佛教，移至山中，確立了修行的根本道場。其後三百餘年，最澄與空海的流派──天台宗與真言宗，主要以朝廷及貴族為中心而繁榮。

第二個焦點於第十二、十三世紀的佛教。

此中有法然（西元一一三三～一二一二年）、親鸞（西元一一七三～一二六二年）、道元（西元一二〇〇～一二五三年）、日蓮（西元一二二二～一二八二年）等高僧，是日本所產生的優秀的佛學者。迄為今止，我們如果談論日本佛教而不提這些人的名字則無法談論。那麼，何以就於此幾世

紀輩出了如此優秀的佛學者呢？那是因為在他們面前有一個很大的共同課題之故。那是什麼？那可以說是容納佛教成日本化。

若這樣說，或許有人會問，佛教不是很久以前已經傳來了嗎？歷史的事實確是如此。但是，日本國民要將佛教充分消化、變容，而成為完全是自己的東西──這種文化容納的工作，大概需要數百年的努力。也就是說，在第七、第八世紀開始容納佛教之努力，終於春來，而萬花一時爭妍──這就是第十二、十三世紀一輩佛學者們的貢獻。

從此以後的日本佛教，於這些佛學者所建立的基盤上保持其餘榮，及至今日。也就是說，在那幾世紀輩出一輩優秀的佛學者以後，日本佛教歷史上，再也沒有光輝的陽光照耀過。不過，其後的日本佛教歷史，似乎尚有一個值得注目的事情。那就是近代佛學之原始佛教研究的成果。

日本的佛教自初傳以來，受中國佛教之影響，幾乎完全是大乘佛教。尤其是以十二、十三世紀的佛學者輩出以後，

以宗祖為中心的大乘佛教為主，流傳至今日。在如此的日本佛教歷史中，興起原始佛教的研究，大約是在明治中期以後的事。由於其研究的結果，在遺忘了除宗祖以外尚有教祖的人們面前，鮮明地再現出佛陀‧喬答摩的形象，而且在只顧大乘佛教的人們之前，明示了整然的佛陀之教法。雖然這尚滯留於學問的領域，而未成為喚起新的宗教熱情的一股力量，但至少，日本人所持有的佛教知識，正在大大的變化。我把照明燈對準於此，做為第三個焦點。

附錄

❖佛教經典流傳史❖

　　佛教就是以釋尊一代四十五年說法為基礎的宗教。所以釋尊所說的法在佛教裏具有絕對的權威,雖說佛教有八萬四千法門,且有許多宗旨、宗派,但各宗各派都沒有脫離了佛陀的說法。把這種說法記載下來的就是被稱為一切經或大藏經的經典。

　　釋尊強烈主張人類的平等。用任何人都能完全理解的日常用語,平易地說法。而直到八十歲逝世為止,一天也沒有休息,給很多人繼續不斷地說教。

　　釋尊逝世後,弟子們將各自所聽到的佛陀的教法,傳給人們。但是,在傳聞之間,或有聽錯、記錯的可能。然而,佛陀所說的話却必須正確地流傳下去。

　　同時應給予所有的人平等聽聞教法的機會。於是為了把釋尊的教法,毫無錯誤的流傳於後世,長老們集會進行教法

的整理。這稱為結集。結集時聚集了許多長老比丘，將各自所聽聞的言語或教法誦出，而所誦出者是否有錯誤，乃歷經數月加以討論。由此可知，長老們如何地虔誠且慎重地欲把釋尊的言語流傳下去。

如此被整理的教法，不久用文字記錄下來。用文字寫下來的釋尊的教法，後來由後世的高僧們加以注釋或解釋。這稱為「論」。佛陀的教法本身與後來加上的論以及戒律三者稱為「三藏」。

所謂「三藏」就是經藏、律藏、論藏三者。

藏就是「容器」之意。即收容佛教教法的器物之意，經就是佛陀的教法，律就是教團戒律的說明，論就是由高僧所寫的注釋。

佛教初傳到中國，據傳說是在後漢明帝永平十年（西元六七年），但確實傳入經典而翻譯的是，距此八十四年後的後漢桓帝元嘉元年（西元一五一年）。自此經過大約一七

○○餘年的時間，繼續努力於經典的漢譯。所譯出經典的總數達一四四○部五五八六卷。將這些漢譯經典集在一起加以保存的努力，早在魏代已開始。但是經典印刷成書則在北宋的時候。從這個時候開始，中國高僧的著述亦被加入經典之中，因此已不適於稱為三藏，到了隋代乃付予「一切經」的名稱，唐代則稱為「大藏經」。

另一方面，在西元七世紀時佛教傳入西藏，而自西元九世紀至十一世紀的約一五○年間，繼續努力於經典的翻譯，於是大部分的經典被譯成藏文。

此外，佛經不但被譯成朝鮮、日本、錫蘭、柬埔塞、土耳其以及其他東方的各種語言。而且亦譯成拉丁文、法文、英文、德文、義大利文等各國的語言。由此而說，如今釋尊的恩惠，已遍及世界的每一角落並非過言。但是，反過來從內容上看，因其時代已超過二千多年的發展與變遷，其數量超過萬卷，故即使大藏經完全齊備，要依此把握釋尊的真意是很困難的。所以從大藏經中摘出重要的部分，做為自己信心的規範與依據是非常必要的。

佛教經典流傳史

在佛教而言，釋尊的言語為最大的依據。所以釋尊的教法，必須是對我們的現實生活具有最深的關連，且有親密感的教法方可。若非如此，則萬卷的聖典，也終於不能打動我們的心，而毫無用處。基於此意義而言的聖典，至少常隨身攜帶的聖典，乃以簡潔為量，質則不偏於一部，而足能代表全體且需正確，用語則為日常用語而親切者為理想。

這本聖典就是在這種虔誠且慎重的關懷之下編輯的。這本聖典乃繼承過去二千數百年的大藏經的源流，由釋尊的法海中誕生出來的，當然這不是完美無缺的聖典。釋尊的言語，其意義無限甚深，其功德無盡而難於理解。而本書將其佛典以白話平易近人的姿態出現，希望為人們帶來一片詳和。

——合掌——

❖生活索引❖

人生

附錄

修養

附錄

生活索引

附錄

生活索引

附錄

附錄

用語解說

（依筆畫順序）

此解說中包含的名詞，在本文中，
於各節的最初出現者附加＊記號。

大乘 （Mahayana）

在佛教歷史上有兩大思想，即大乘與小乘（上座部），大乘是北傳的，經過西藏、中國、韓國、日本等。小乘是南傳的，經過緬甸、錫蘭、柬埔寨、泰國等。大乘的意思就是大車，可以載所有在生死世界受苦的眾生，無差別的，到達涅槃的彼岸。

小乘 （Hinayana）

南傳的佛教被稱為小乘或上座部（ Theravada）「Thera」就是長老之意。據史實，這是一羣保守而年長的比丘僧，提倡嚴格地固守教法的一派。相對於另一群比較自由而進步的比丘僧，後來發展為大乘，此即北傳佛教。此種教團內對抗的傾向，據說開始於佛滅後一世紀的時候，有個進步的比丘名叫大天，對於五種教法強調較自由的解釋，由此引起分裂，分為上座部與大眾部。

三藏 （Tripitaka）

指經、律、論。經是記錄佛所說的話，從前稱為修多羅

藏。律是戒律，從前叫毗尼藏。論是佛經、教義、戒律等的解釋注解，從前稱為阿毘曇藏，後來包括中國、日本高僧的論文。

中道 （Madhyama pratipad）

即謂遠離偏見的中正之道。乃指佛教的立場而言。因此佛教的思想中，這種中道的思想特別被尊重，發揚。中道並非中間之道的意思，而是形容遠離執着，並予公平地徹見真實的立場，其內容是否定兩極端，表現止揚的思想。例如，否定有、無的兩極端，斷、常二見即是。可謂是一種辨證法哲學之一。

巴利文 （Pali Language）

巴利文是印度語的一種，為小乘佛教的語文。古老的佛經是用巴利文寫，是古代印度及中世紀印度的語文，是與梵文同語系的語言。例如，梵文的達磨Dharma，巴利文為Dhamma，梵文的涅槃Nirvana，巴利文為Nibbana，所以此兩種語言很相近。

因緣 （Hetu－Pratyaya）

因與緣，因就是產生結果的直接原因，對此，緣就是幫助因的間接條件。所有的事物皆由因緣而生滅，所以說緣生。自然地接受這個道理，為走進佛教的重要條件。

出家 （Pravrajana）

捨離家庭生活，專門修道，或其實踐者。在印度為了修道而離開家庭進入宗教的實踐生活是很普通的，釋尊也是依這種習俗出家，成為沙門（婆羅門以外的修行人），最後開悟成佛，成為佛教的開祖（教祖）的。

空 （Sunyata）

對一切存在認為沒有實體，無我的一種思想。萬物是相依相關而存在的，故實體不變的自我，根本不可能存在其中。因此不能執着有實體的存在或不存在。一切萬物，人與其他存在都在相對的關係中，絕不能拘束在一個存在或一個主義，也不要認為在這世間之中有絕對的存在。這是般若經系統的根本思想。

波羅蜜（Pauamita）

　　梵文的音譯，譯為「度」或「到彼岸」。是指能令人從這個迷惑的岸——現實世界，渡到被開悟的岸——佛的世界的實踐修行，通常稱為六波羅蜜，即：布施、持戒、忍辱、精進、禪定、智慧等六度。

法（達磨・Dharma）

　　「佛陀」所說的「真實的教法」，其具體的內容就是三藏：經（佛所說的教法）、律（佛所定的日常規則）、論（對經、律的解釋或註釋）三種聖典。這與覺者的「佛陀」，佛教徒的團體——僧伽，為佛教的基本要素。這稱為佛、法、僧三寶。

佛（佛陀・Buddha）

　　為梵文Buddha的音譯，漢譯為「覺者」、「正覺者」，簡稱為佛，本來是指佛教的教祖、創始者「釋迦牟尼佛（喬答摩・悉達多）」。佛教的目的就是教人人成佛的，由於成佛的手段有所差別，故有多種宗派。以大乘佛教來說，除了歷史上的釋迦牟尼佛以外，還有各種佛菩薩的存在，如阿彌

陀佛，大日如來，毘盧舍那佛，藥師如來佛等。

佛性（Buddhata Buddlatva）

「成佛的種子」，亦可說是「到達覺悟的潛在力、可能性」或「佛心」。如有一句「一切眾生悉有佛性」所表現的，無差別的承認一切存在都有佛性，這是佛教的特徵，也是佛教的平等的立場。把這個內在的佛性，表現於外的人就叫做「佛」。

迴向（Parinama）

將自己所做的善行為，轉向另一目標之謂，這有轉向自己本身未來的，與轉向給別人的兩種情形。現在一般社會上所使用的迴向就是轉向給死者，由「消除死者於生前在世間所做的惡行，希望其來世可以得到好結果」這種願望，在舉行葬禮或做佛事時，以誦經的功德祈求死者的冥福，這種方法稱為迴向。

涅槃（Nirvana）

為梵文nirvana的音譯，就是「吹滅」的意思。漢譯有

「滅」、「滅度」「寂滅」等意譯。這是如同吹滅蠟燭的火一般，把煩惱的火吹滅的人所到達的境地，到達此境地謂之「入涅槃」，到達者稱為「佛陀」。有時把釋迦牟尼佛死亡的瞬間稱「入涅槃」，這是由肉體滅亡時完全消除煩惱之火的想法而來，不過，通常認為佛三五歲成佛時已經達到「涅槃」的境界。

唯識 （Vijnpatimatrata）

此世間的一切存在與現象，皆由人「心」所產生，實際存在的唯有心而已。即：眼、耳、鼻、舌、身、意等六種感覺器官各有對象可以認識，此外，另立第七（末那識）、第八（阿賴耶識）二識，以此八識的作用，作為此世間之一切存在與現象生成的原因。

教團 （Sangha）

信奉同一教法而聚集的人的集團。由說教者階層及受教而入信的信徒構成。這佛教自古以來稱之為僧伽。但嚴密地說，在佛教初期是專指出家者教團而說的。後來大乘佛教興起，以菩薩為理想而實踐的人們的集合，乃超越在家、出家

用語解說

之區別，而成為連帶的教團。

梵文 （Sanskrit Language）

　　古代印度的古典語文，是屬於印歐語系的一種。梵文分成兩種，一種吠陀文（Vedic Sanskrit），另一種是古典梵文（Classical Sanskrit）。大乘經典都用梵文書寫，採用佛教混合梵文（Buddhist Hybrid Sanskrit）。

智慧 （般若‧Prajna）

　　這與普通所使用的智慧不同，通常使用音譯的「般若」二字，是指區別正邪的正確的判斷力。完全具備此般若者稱為「佛陀」。這不是普通的知識，是能洞察所有現象背後存在的實相的智力，為得此智慧以達涅槃境地的實踐，稱為「般若波羅蜜」。

無我 （Anatman）

　　佛教最基本的教義之一是「此世界的一切存在與現象中，沒有一種可以捕捉的實體」之意。過去印度的宗教主張個體存在的實體，即說有「我」的存在，對此佛教主張「諸

行無常」，故說「不能永遠存在的世間上的存在與現象，不可能有實體」是當然的。所謂「我」相當於其他宗教所說的「靈魂」。

無明 （Avidya）

　　沒有正確智慧的狀態。指迷惑的根本無知而言。其心理作用謂之愚痴。由於各種學派的分析、解釋，而有許多意義，但都認為根源的，使煩惱之所以成為煩惱的原動力就是無明。所以，把所有存在的因果關係分為十二階段加以說明的十二因緣說，最初就設定無明。這也可以指生存欲望的盲目的意志。

無常 （Anitya）

　　所有的存在都時時刻刻在生滅變化轉移變遷，絕不會停止在同一個狀。這是佛教與其他宗教所不同的思想立場。一切萬物都表示誕生、持續、變化、滅亡四個階段，所以把它仔細觀察，而有「苦」的看法，以做為宗教上反省的契機是很重要的。這無常亦由各種學說學派之立場加以形而上學的分析。不過，不能只強調悲觀的厭世思想（Pessimism）或

虛無主義（Nihilism）的黑暗面。因為生成發展也是無常的一面之故。

菩薩 （Bodhisattva）

本指世尊成道以前的修行時代。是求悟道的人之意。大乘佛教興起以後，其解釋擴大為大乘佛教徒之意。凡是努力於向上以求佛道為目標，向下救度眾生的人稱為菩薩。又擔負佛的慈悲智慧的作用之一部分，輔佐佛而順應人們的煩惱而出現，如觀音（菩薩）、地藏（菩薩）等有威神力的拯救苦難者也被稱為菩薩。

解脫 （Vimukti, Vimoksa）

依字面的意義，即從輪迴轉生的迷惑世界的束縛中解放脫出，而進入開悟的涅槃境界謂之解脫。從迷惑世界脫出，而永遠停止在正覺的狀態者就是「佛陀」，在這裏因遠離一切束縛——煩惱，所以是自由自在的。

慈悲 （Maitri · Karuna）

這是佛教中最基本的倫理項目，「慈」就是給對方快

樂，「悲」就是拔去對方的苦惱。把這個慈悲體驗而無條件地給予一切人者，就是「覺者」也就是佛，把它象徵性的表現出來的就是觀音及地藏菩薩。簡單地說，慈悲就是「和對方一齊欣喜快樂，一齊悲哀或悲傷。」

業（Karma）

本來的意思是行為，與因果關係結合，由行為帶來結果的潛在力量。行為必有善惡，苦樂的果報，其影響力被認為是業。例如，前世的行為的果報被說為宿業。重複善行，累積下來，其影響力到未來（來世）也有作用。業有身、口、意三種行為。

煩惱（Klesa）

指障礙開悟的一切精神作用，與人類的生存直接結合的許多欲望使身及心苦惱、攪亂、煩心。其根源是我欲、我執，生根於生命力。貪、瞋、痴為其根本，而滋生許多的煩惱。這些對於實現開悟成為障礙，故認為必須於修道的過程中予以消滅。但是也有認為不能否定直接結合於生命力的東西——煩惱，而作為走向悟道之跳板予以肯定的思想。

緣起 （Pratityasamutpada）

是因緣生起之略。即所有的存在都相互有關係而產生之意。這是佛教教義的基本思想。因承認所有存在互相依靠的關係，所以有「托您的福」的感謝，也產生報恩的意願。此緣起思想，更展開為哲學思想，成為繁瑣的組織。雖被轉用為指寺院、佛像的由來及傳說，但不可忘記其本來的意義。

經 （sutra）

紀載佛陀的教法。經原來的意義是指紡織物的直線，以此喻貫通教義的謂之經。為三藏之一。

輪迴 （Samsara）

從過去世到現在世，更至未來世，生生死死，如輪子在轉動，所以有輪迴轉生之語。人類除非從迷惑的世界脫出而到涅槃的世界，否則永遠在地獄、餓鬼、畜生之三惡道，加上阿修羅、人、天三善道的六道世界重複轉生。脫離這個輪迴的輪子之人，被稱為「佛陀」。

法句經（Dharmapada）

勝利者招怨恨，失敗者臥苦惱；
寂靜者捨棄勝敗，心平和者住安樂。　　　（二〇一）

飢餓為最大病，此身為最大苦；
如實知此道理，得悟涅槃最上樂。　　　（二〇三）

斷除自己欲望，如以手折秋蓮；
培養寂靜之道，涅槃我佛所說。　　　（二八五）

得生為人難，人生有壽難；
聽聞正法難，遇佛出世難。　　　（一八二）

尊貴人難得，彼非隨處生；
賢人所生處，種族安樂繁榮。　　　（一九三）

諸佛出現是安樂，宣說正法是安樂；

僧伽和合是安樂，和合修行是安樂。　　　（一九四）

比丘們！

有一個人出生於世，是為了多數人的利益，為了多數人的幸福，又為憐愍世間，為天與人的利益與幸福而生的。這一個人是誰？這位就是如來、應供、正等覺。比丘們！這就是那一個人。

比丘們！

有一個人出現於世，是很難的。這一個人是誰？這位就是如來、應供、正等覺。這就是那一個人。

比丘們！

世間難得一見的是，有一位稀有的人出生於世。這一個人是誰？這位就是如來、應供、正等覺。這就是那一個人。

比丘們！

有一個人去世，有很多人憂愁悲嘆。這一個人是誰？就是如

附錄

來、應供、正等覺。這就是那一個人。

比丘們！
有一個人出生於世，就是無比的人出生了。這一個人是誰？
這就是如來、應供、正等覺。這就是那一個人。

比丘們！
有一個人出現於世，就是大眼、大明、大光之出現。這一個
人是誰？就是如來、應供、正等覺。這就是那一個人。

（增支部 I－13）

法句經

國家圖書館出版品預行編目資料

佛教智慧定律／林郁 主編
　初版，新北市，新視野 New Vision，2020.12
　面；　公分 --
　　ISBN 978-986-99105-8-3 （平裝）
1.佛教修持 2.生活指導

225.87　　　　　　　　　　　　　　109014781

佛教智慧定律

主　　編　林郁
出　　版　新視野 New Vision
製　　作　新潮社文化事業有限公司
　　　　　電話 02-8666-5711
　　　　　傳真 02-8666-5833
　　　　　E-mail：service@xcsbook.com.tw

印前作業　東豪印刷事業有限公司
印刷作業　福霖印刷有限公司

總 經 銷　聯合發行股份有限公司
　　　　　新北市新店區寶橋路 235 巷 6 弄 6 號 2F
　　　　　電話 02-2917-8022
　　　　　傳真 02-2915-6275

初版一刷　2021 年 01 月